W0336796

Hans-Ruprecht Leiß
Christian Bind

Feder und Schnabel
Fjer og næb

Ein deutsch-dänisches
Kunst-Koch-Buch
En dansk-tysk
kunst-koge-bog

Edition Natur life

Feder und Schnabel

Köstliche Rezepte
von Christian Bind
mit Bildern von
Hans-Ruprecht Leiß

Fjer og næb

Herlige opskrifter
af Christian Bind
med billeder af
Hans-Ruprecht Leiß

Hans-Ruprecht Leiß
Christian Bind
Feder und Schnabel
Fjer og næb

Bibliografische Information der Deutschen Nationalbibliothek
Die Deutsche Nationalbibliothek verzeichnet diese Publikation in der Deutschen Nationalbibliografie; detaillierte bibliografische Daten sind im Internet über „http://d-nb.ddb.de" abrufbar.

1. Auflage
ISBN 978-3-88412-430-7
DSV-Verlag
© by Delius, Klasing & Co. KG, Bielefeld

Gestaltung: Werner Isensee
Texte und dänische Übersetzung: Anke Dethlefsen-Schulze
Druck: Merkur Druck GmbH, Norderstedt
Printed in Germany 2006

Alle Rechte vorbehalten! Ohne ausdrückliche Erlaubnis des Verlages darf das Werk, auch nicht Teile daraus, weder reproduziert, übertragen noch kopiert werden, wie z. B. manuell oder mithilfe elektronischer und mechanischer Systeme inklusive Fotokopieren, Bandaufzeichnung und Datenspeicherung.

Vertrieb: Delius Klasing Verlag, Siekerwall 21, D-33602 Bielefeld
Tel.: 0521/559-0, Fax: 0521/559-115
E-Mail: info@delius-klasing.de
www.delius-klasing.de

Die Glücksbringer

Von Michael Stitz

Das Glück von Hans beginnt mit einer Gans. Hätte er sie doch behalten und mit ihr eine kleine Farm begründet – mein Gott, der Junge hätte gut dastehen können. Überhaupt die Gänse. Sie behüten mit ihren hellwachen Sinnen, wärmen mit ihrem Luxuskleid, imponieren mit ihrem Auftreten und sind die „Lieblinge" in der guten Küche.

Ihr (zartes) Fleisch, ihre (schmelzige) Leber und (krosse) Haut fordern den Koch und entführen den Esser in kulinarische Höhen.

Gänsebraten gehört seit Jahrhunderten zu den ersehnten Genüssen im Kalender der jahreszeitlichen Köstlichen. Die Kunst seiner richtigen Zubereitung weist den Koch als einen aus, der sein Handwerk versteht.

Über die Gänsestopfleber wollen wir hier nicht diskutieren. Soviel nur: Sie ist Ausdruck eines qualvollen Gänselebens. Das sollte keiner wollen, der Respekt vor den Tieren hat, die uns als Nahrungsmittel Glücksbringer sein sollen.

Nicht nur Hans, auch die Gans ist im Glück glücklicher …

Und wir tafeln auch, um ein Stück Glück zu schmecken.

Das liebe Federvieh, nicht nur die elegant watschelnde Gans, auch das lustige Huhn, die scheue Ente oder die freiheitsliebende Taube wollen leben, bevor sie (für uns) sterben, um (von uns) verspeist zu werden.

Züchter, Jäger, Schlachter und Koch sollten die Spanne zwischen Leben und Ableben als tierischen Glücksversuch akzeptieren.

Einen Vorgeschmack auf ein gelungenes Glücks-Mahl gibt dieses Kunst-Koch-Buch. Hans-Ruprecht Leiß, der jagderfahrene Zeichner, und Christian Bind, der weltgewandte Cuisinier, wissen um die Wesen, die Objekte ihrer kunstvollen, kochenden Begierde. Sie verehren, was sie sich zeichnerisch und kulinarisch zu eigen machen. Weil sie ihre „Opfer" achten, führt ihnen Respekt und Liebe die Hand, wenn sie zeichnen beziehungsweise für Pfanne, Topf oder Ofen vorbereiten.

Sie sehen mehr und tiefer, kreieren fantasievoll, heiter und köstlich. So sind die Bilder voller Witz und Hintersinn, die Rezepte prall von Koch-Wissen und feinschmeckerischer Raffinesse.

Leiß und Bind haben mit ihrem vorläufig letzten Band geschafft, was nicht zu erwarten war: Ein kunstvolles, stimulierendes Sammelsurium an Rezepten und Farbstiftzeichnungen, ein üppiges dreibändiges Werk voller Geschichten, die H.-R. Leiß mit großer zeichnerischer Fabulierkunst ausbreitet. Dazu die Kochanleitungen von einem der herausragenden Köche des Nordens, der in Frankreich geboren wurde, dort seine Kunst geschult hat, wo die Wiege der europäischen Hochküche steht. Ein Glück, dass die Liebe ihn in das deutsch-dänische Grenzgebiet spülte.

Wer ist nun im Glück? Leiß, Bind, die Objekte ihrer Begierde? Oder wir, die wir das Glück haben, sie bei uns zu wissen? Tauschen wir sie nicht gegen Trickser und Vielversprecher! Genießen wir ihre zuverlässige Qualität, freuen wir uns an den Aromen aus der Bind-Küche und den heiteren Momenten, die die Leiß-Zeichnungen erzeugen.

Lykkebringerne

af Michael Stitz

Eventyret „Hans im Glück" begynder med en gås. Havde Hans blot beholdt gåsen og grundlagt en lille gåsefarm – du godeste, hvor havde han kunnet klare sig godt. Gæs i det hele taget: De beskytter med deres årvågne sanser, varmer med deres luksusbeklædning, imponerer med deres optræden og er alles „yndlinge" i det gode køkken.

Deres (møre) kød, deres (smeltende) lever og (sprøde) skind udfordrer kokken og leder den spisende til kulinariske højder.

Gåsesteg har i århundreder hørt til en af de kærkomne nydelser i årstidernes kalender. Kunsten at tilberede en gås rigtigt viser, om kokken kan sit håndværk.

Om det at stoppe gåsens lever vil vi ikke tale her. Kun at det er udtryk for et kvalfuldt gåseliv. Det bør intet menneske gå ind for. I hvert fald intet menneske med respekt for de dyr, der som næringsmiddel er vore lykkebringere.

Ikke blot Hans, men også gåsen er lykkeligere i lykken.

Og vi sætter os også til bordet for at smage et stykke lykke.

Det kære fjerkræ, ikke bare den elegant vraltende gås, men også den glade høne, den sky and eller den frihedselskende due vil leve, før de dør (for os) for at blive spist (af os).

Opdrætteren, jægeren, slagteren og kokken skal acceptere tiden mellem liv og død som et dyrs lykkeforsøg.

Denne kunst-kogebog giver en forsmag på et vellykket lykkemåltid. Hans-Ruprecht Leiß, en erfaren jæger og tegner, og Christian Bind, verdenserfaren cuisinier, kender disse væsner, genstande for deres kunstneriske og „kogende" begær. De tilbeder, hvad de kunstnerisk og kulinarisk har knæsat. Fordi de ærer „ofrene", fører deres respekt og kærlighed deres hænder, når de tegner og gør klar til pande, gryde eller ovn.

De ser mere og dybere, kreerer fantasifuldt, muntert og kosteligt. Billederne er fulde af humor og bagtanker, og opskrifterne bobler af kokkeviden og feinschmecker-raffinementer.

Med deres foreløbig sidste bind er det lykkedes Hans-Ruprecht Leiß og Christian Bind at skabe noget uventet: Et kunstfærdigt og stimulerende sammelsurium af opskrifter og blyantstegninger, et yppigt trebindsværk fuld af historier, som Hans-Ruprecht Leiß breder ud foran os med stor tegner-fantasi. Hertil kommer vejledningerne fra en af nordens mest fremragende kokke, født i Frankrig, hvor hans kunst blev skolet, og hvor den europæiske kogekunsts højborg opstod. Et held, at kærligheden førte ham til det dansk-tyske grænseland.

Hvem er nu heldig? Leiß, Bind eller genstandene for deres begær? Eller vi, der er så heldige at vide dem hos os? Lad os ikke bytte dem med fidusmagere og vindbøjtler! Lad os nyde deres pålidelige kvalitet, glæde os over aromaen fra Binds køkken og de muntre øjeblikke, som Leiß' tegninger skaber.

Inhalt / Inholt

Frikassee von der Poularde an Estragonsauce

4 Personen

Zutaten

1 Poularde, 1,5 kg
100 g Butter
1 Zwiebel
5 Schalotten
2 Knoblauchzehen
2 Zweige Estragon
1 EL fein gehackter Estragon
3 Karotten
1 dl Estragonessig
Salz, Pfeffer
2 dl Wasser
20 g Tomatenpüree
10 g Mehl
1 EL Senf
500 g Creme double
150 g gehäutete Tomaten

Zwiebeln und Knoblauch schälen und in feine Würfel schneiden. Estragon waschen und trocken tupfen. Karotten schälen und in Scheiben schneiden. Tomaten in kleine Stücke schneiden, Kerne entfernen.
Den Backofen auf 200 °C vorheizen.
Die Poularde in 8 Stücke zerteilen. Mit Küchenkrepp trocken tupfen und mit Salz und Pfeffer leicht einreiben. Butter in einem Schmortopf zerlassen. Das Fleisch nicht zu heiß anbraten. Karotten, Zwiebeln, Knoblauch und Estragonzweige dazugeben. Zugedeckt im Backofen etwa 25 Minuten garen. 10 Minuten vor Ende der Garzeit den Estragonessig dazugeben. Das Fleisch im offenen Topf fertig garen, herausnehmen und warm halten.
Den Bratensatz mit Wasser ablösen und bei starker Hitze auf die Hälfte einkochen lassen. Tomatenpüree, Mehl und Senf vermischen und in die Sauce hineinrühren. Kurz aufkochen lassen. Die Crème double einrühren und etwas einkochen lassen, bis die Sauce eine schöne, sämige Konsistenz hat. In einen anderen Topf passieren. Tomaten und Estragon dazugeben und die Sauce noch einmal aufköcheln lassen.
Die Poulardenteile auf vorgewärmten Tellern anrichten und mit der Sauce überziehen. Dazu passt im Ofen gebackener Reis.

Poulardfrikassé i esdragonsauce

4 personer

1 stor poulard, 1,5 kg
100 g smør
1 finthakket løg
5 finthakkede skalotteløg
2 fed finthakket hvidløg
2 kviste esdragon
1 spsk hakket esdragon
3 gulerødder, skåret i skiver
1 dl esdragoneddike
salt, peber
2 dl vand
20 g tomatpuré
10 g mel
1 spsk sennep
500 g Cremefine Naturell
150 g flåede tomater

Skræl løg, hvidløg og gulerødder. Vask og tør esdragonen.
Tænd ovnen og indstil den på 200°.
Partér poularden i 8 stykker. Aftør dem med køkkenrullen. Gnid dem med salt op peber. Brun smørret i en kasserolle. Brun poulardstykkerne på alle sider. Tilsæt gulerødder, løg, hvidløg og 2 kviste esdragon. Dæk kasserollen med låg og sæt den i ovnen. Steg poularden i cirka 25 minutter.
Hæld esdragoneddike ved, 10 minutter inden retten er færdig. Læg ikke låg på igen.Tag poulardstykkerne op og hold dem varme.
Hæld vand i kasserollen og lad det koge ind til det halve ved stærk varme. Rør tomatpuré, mel og sennep sammen. Hæld det i saucen. Giv saucen et opkog. Tilsæt Cremefine Naturell og rør godt rundt. Lad saucen koge ind til en passende konsistens. Skær tomaterne i terninger, fjern kernerne. Sigt saucen. Tilsæt tomater og esdragon. Anret poulardstykkerne på forvarmede tallerkener, hæld saucen over. Servér retten med ovnbagt ris.

Hans-Ruprecht Leiß 2005

Coq au vin à la Bourgogne

4 Personen

Zutaten

1 Hahn, 1,5 kg
1 Flasche roter Burgunder
1 dl Olivenöl
1 Zweig Thymian
1 Lorbeerblatt
3 Stängel Petersilie
1 Kaffeelöffel gemörster schwarzer Pfeffer
200 g schwach geräucherter Speck
100 g Butter
6 cl Cognac
20 g Mehl
40 sehr kleine Zwiebeln
15 g Zucker
250 g Champignons
Saft von 1 Zitrone
Salz, Pfeffer

Am Vortag beginnen!
Den Hahn in 8 Stücke zerteilen. Mit Küchenkrepp trocken tupfen und in einen Schmortopf legen. Thymian und Petersilie waschen und trocken tupfen. Den Rotwein mit dem Olivenöl verrühren und mit dem Thymian, dem Lorbeerblatt, der Petersilie und dem Pfeffer über das Fleisch geben. Das Fleisch 15 Stunden, am besten über Nacht, im Kühlschrank ziehen lassen.

Am nächsten Tag:
Den Backofen auf 180 °C vorheizen.
Zwiebeln schälen, Champignons kurz abbrausen, trocken tupfen und in Viertel schneiden.
Den Speck in Würfel schneiden, 1 Minute in kochendem Wasser blanchieren und abtropfen lassen.
Das Fleisch aus der Marinade nehmen und trocken tupfen. Die Marinade durch ein Sieb gießen und kurz aufkochen lassen.
40 g Butter in einem Schmortopf erhitzen und das Fleisch von beiden Seiten anbraten. Den Cognac darüber gießen und anzünden. Fleisch und Butter müssen sehr heiß sein, da der Cognac sonst nicht brennt. Die Marinade dazugießen, den Topf schließen. Das Gericht im Backofen 1 Stunde schmoren.
Die Zwiebeln in 40 g Butter 10 Minuten bräunen. Den Zucker dazugeben und so lange rühren, bis die Zwiebeln goldbraun sind. Dabei den Topf von Zeit zu Zeit schwenken. Die Zwiebeln zum Fleisch geben und das Gericht weitere 15 Minuten schmoren.
Die restliche Butter in einer Pfanne auslassen. Die Champignons darin mit dem Zitronensaft etwa 2 Minuten dünsten. Die Champignons zum Geflügel geben und 10 Minuten mitschmoren lassen. Mit Salz und Pfeffer würzen.
Das Gericht im Schmortopf servieren. Dazu passen Rösti.

Coq-au-vin à la Bourgogne

4 personer

1 hane, 1,5 kg
1 flaske rødvin fra bourgogne
1dl olivenolie
lidt timian
1 laurbærblad
3 stilke persille
1 kaffeske friskkværnet peber
200 g letrøget bacon
100 g smør
6 cl cognac
20 g mel
40 miniløg
15 g sukker
200 g champignoner, skåret i kvarte
saften af 1 citron
salt, peber

Gå i gang med retten dagen før!
Partér hanen i 8 stykker. Dup dem tørre med køkkenrullen. Læg hanestykkerne i en kasserolle. Pisk rødvin og olivenolie sammen. Tilsæt timian, laurbærblad, persille og peber. Hæld marinaden over hanestykkerne. Stil det i køleskabet 15 timer, helst natten over.

Næste dag:
Tænd ovnen og indstil den på 180°.
Pil løgene. Skær bacon i små terninger. Blanchér dem i spilkogende vand i 1 minut. Hæld baconterningerne til afdrypning.
Tag hanestykkerne op af marinaden. Dup dem tørre med køkkenrullen. Sigt marinaden og lad den koge op. Brun 40 g smør i en kasserolle. Brun hanestykkerne på begge sider. Hæld cognac over og antænd den. Kød og smør skal være meget varmt, ellers vil cognacen ikke antænde. Når flammerne er døet hen, tilsættes marinaden. Dæk kasserollen med låg og sæt den i ovnen 1 time.
Brun 40 g smør på en pande. Brun løgene i 10 minutter. Drys sukker på. Rør godt og ryst panden hele tiden, så løgene bliver gyldne på alle sider. Læg baconterningerne og løgene i kasserollen. Dæk gryden med låg. Lad retten småsnurre i ovnen i 15 minutter.
Smelt resten af smørret i en gryde. Tilsæt citronsaft. Læg champignonerne i. Svits dem ved jævn varme ca. 2 minutter. Læg champignonerne i kasserollen. Lad retten småsnurre yderligere 10 minutter. Smag til med salt og peber.
Servér retten i kasserollen. Som tilbehør anbefales „Rösti" (ret af fintskårne kartofler).

Poularde en Pot-au-feu

4 Personen

Pot-au-feu
- 1 kg Porree
- 250 g Mairüben
- 500 g Karotten
- 1 kleine Sellerieknolle
- 1 große Zwiebel
- 2 Nelken
- 1 Lorbeerblatt
- 2 Zweige Thymian
- 4 l Wasser
- 1 Poularde, 2 kg
- Innereien der Poularde
- 150 g fein gewürfelter Speck
- 1 fein gehackte Knoblauchzehe
- 1 EL gehackte Petersilie
- 1 EL gehackter Kerbel
- 100 g trockenes Weißbrot
- 2 Eigelb
- Salz, Pfeffer
- 20 g Weintraubenkernöl

Sauce
- 2 Eier
- 3 dl Olivenöl
- 1 dl Sherryessig
- 2 Schalotten
- 10 g Schnittlauch
- Salz, Pfeffer

Die Schalotten schälen und in feine Würfel schneiden. Den Schnittlauch waschen, trocken tupfen und in feine Röllchen schneiden.
Die Eier 3 Minuten kochen. Das Eigelb entfernen und das Eiweiß grob hacken. Das Eigelb mit dem Sherryessig und dem Olivenöl verrühren. Mit Salz und Pfeffer abschmecken.
Zwiebeln, Schnittlauch und gehacktes Eiweiß unter die cremige Masse heben.

Pot-au-feu
Porree, Karotten, Sellerie und Mairüben putzen oder schälen und waschen. Den Porree in 3 cm lange Stücke schneiden, die Karotten der Länge nach vierteln, Sellerie und Mairüben in grobe Würfel schneiden. Die Zwiebel schälen und mit den Nelken und dem Lorbeerblatt spicken.
Die Poularde gründlich waschen, durchspülen und innen und außen abtrocknen.
Das Wasser in einem großen Topf zum Kochen bringen.
Die Innereien in kleine Würfel schneiden. Das Weißbrot entrinden und in Würfel schneiden. Aus Innereien, Speck, Knoblauch, Petersilie, Kerbel, Brot, 2 Eigelb, Salz und Pfeffer eine Farce zubereiten.
Die Poularde damit füllen und die Öffnung mit Holzspießchen zustecken. Das Weintraubenkernöl in einem Bratentopf erhitzen und die Poularde darin ringsum anbraten.
Die Poularde aus dem Topf nehmen und in das kochende Wasser legen. Die gespickte Zwiebel und den Thymian dazugeben, den Topf schließen. Alles bei milder Hitze 35 Minuten kochen lassen. Gelegentlich den Schaum abschöpfen.
Porree, Karotten, Sellerie, Mairüben, Salz und Pfeffer dazugeben und weitere 30 Minuten bei milder Hitze kochen. Die Poularde und das Gemüse aus dem Topf herausnehmen. Die Fleischbrühe durch ein feines Sieb gießen, eventuell ein nasses, dünnes Geschirrtuch in das Sieb legen. Mit Salz und Pfeffer abschmecken.
Die Poularde mit dem Gemüse auf einer vorgewärmten Platte anrichten. Die Sauce getrennt dazu reichen.
Die Bouillon kann als Vorspeise oder am nächsten Tag serviert werden.

Poulard en pot-au-feu

4 personer

Pot-au-feu
1 kg porrer
250 g majroer
500 g gulerødder
1 lille selleriknold
1 stort løg
2 hele nelliker
1 laurbærblad
2 kviste timian
4 l vand
1 poulard, 2 kg
indmad
150 g finthakket spæk
1 fed finthakket hvidløg
1 spsk hakket persille
1 spsk hakket kørvel
100 g tørt franskbrød
2 æggeblommer
salt, peber
20 g vindruekerneolie

Sauce
2 æg
3 dl olivenolie
1 dl sherryeddike
2 finthakkede skalotteløg
10 g hakket purløg
salt, peber

Kog æggene 3 minutter. Fjern æggeblommerne. Hak æggehviderne groft. Rør æggeblommerne, sherryeddike, olivenolie, salt og peber godt sammen. Tilsæt skalotteløg, purløg og æggehvider.

Pot-au-feu
Istandgør grøntsagerne. Skær porrer i 3 cm lange stykker og gulerødder i kvarte. Skær selleri og majroe i terninger. Stik nelliker og laurbærblad i det store løg.
Bring vand i kog i en stor gryde.
Gør poularden i stand. Vask poularden. Tør den godt indvendig og udvendig med køkkenrullen. Skær indmaden i mindre stykker. Skær brødet i fine terninger. Lav en fars af indmad, spæk, hvidløg, persille, kørvel, brød, 2 æggeblommer, salt og peber. Fyld farsen i poularden. Luk med kødpinde. Sæt poularden op. Brun den i vindruekerneolien.
Læg poularden i det kogende vand. Tilsæt løg og timian. Læg låg på gryden. Småkog poularden 35 minutter. Skum suppen af og til. Tilsæt porrer, gulerødder, selleri, majroe, salt og peber. Kog retten yderligere i 30 minutter. Tag poularden og grøntsagerne op. Si bouillonen, eventuel gennem et fugtigt, tynd viskestykke, lagt i sigten. Smag til med salt og peber.
Anret poularden sammen med grøntsagerne på et forvarmet fad. Servér saucen til.
Bouillonen kan serveres som forret eller dagen efter.

Poularde an Trüffel im Dampf gegart

4 Personen

Poularde

1 Poularde, 1,5 kg
20 g Trüffel
2 cl Armagnac
1,5 l Hühnerbrühe
1 dl Weißwein
1 Bouquet garni: 10 Stängel Petersilie,
3 Zweige Thymian, 1 Lorbeerblatt
3 Stangen Staudensellerie
2 große Karotten
1 Zwiebel

Sauce

1 Eigelb
Poulardenfond
200 g Creme double
80 g eiskalte Butter
Saft einer halben Zitrone
Salz, Pfeffer

Am Vortag beginnen!
Trüffel in feine Scheiben schneiden.
Die Poularde außen und innen abwaschen und sorgfältig mit Küchenkrepp abtrocknen. An den Öffnungen die Haut der Poularde vorsichtig anheben und die Trüffelscheiben unter der Haut verteilen. Den Armagnac in die Poularde füllen, diese fest in ein Geschirrtuch wickeln und 15 Stunden in den Kühlschrank legen. Auf diese Weise zieht das Aroma des Trüffels in das Fleisch.

Am nächsten Tag:
Für das Bouquet garni die Zutaten waschen, trocken tupfen und zu einem Kräutersträußchen binden. Das Gemüse schälen, waschen und in Scheiben schneiden. Die Zwiebel schälen und ebenfalls in Scheiben schneiden.
Die Hühnerbrühe und den Weißwein in einen Bratentopf geben. Das Bouquet garni und das vorbereitete Gemüse dazugeben. Einen Rost in den Topf stellen und die Poularde darauf legen. Das Geflügel darf nicht mit der Flüssigkeit in Berührung kommen! Den Bratentopf schließen. Die Poularde bei milder Hitze 1,5 Stunden schmoren lassen, herausnehmen, in 8 Stücke zerteilen und warm stellen.
Den Fond durch ein Sieb gießen und in einem Topf kurz aufkochen lassen. Das Eigelb mit 1 Esslöffel heißer Flüssigkeit in einer Tasse verrühren. Die Sauce damit legieren, nicht mehr kochen lassen. Den Topf vom Herd nehmen und die eiskalte Butter einrühren. Mit Zitronensaft, Salz und Pfeffer abschmecken.
Die Poulardenstücke auf einer vorgewärmten Platte anrichten. Die Sauce gesondert dazu reichen.
Dazu passt Sahnekartoffelpüree.

Damped poulard med trøffel

4 personer

Poulard

1 poulard, 1,5 kg
20 g trøffel
2 cl armagnac
1,5 l hønsebouillon
1 dl hvidvin
1 bouquet garni: 10 stilke persille,
3 kviste timian, 1 laurbærblad
2 stilke bladselleri
2 store gulerødder
1 løg

Sauce

1 æggeblomme
poulardfond
200 g Cremefine Naturell
80 g iskoldt smør
saften af en halv citron
salt, peber

Gå i gang med retten dagen før!
Skær trøflen i meget tyde skiver.
Vask poularden indvendig og udvendig. Tør den godt med køkkenrullen. Løs forsigtigt poulardens skind ved åbningerne ved halsen og for enden. Placer trøffelskiverne under skindet. Hæld armagnac i poularden. Pak poularden godt ind i et viskestykke. Læg poularden i køleskab 15 timer. På den måde trækker trøflens aroma ind i kødet.

Næste dag:
Vask krydderurterne og bind dem sammen til en bouquet garni. Istandgør grøntsagerne og skær dem i skiver.
Hæld hønsebouillon og hvidvin i en kasserolle. Tilsæt bouqet garni, selleri, gulerødder og løg. Sæt en rist i kasserollen og læg poularden på. Den må ikke komme i berøring med væsken! Damp retten under låg og ved svag varme i 1,5 timer.
Tag poularden op. Skær den i 8 stykker og hold dem varme.
Si fonden. Rør æggeblommen sejt. Rør æggeblommen og en spiseske hønsebouillon sammen. Hæld æggeblommen i fonden ved konstant piskning. Tilsæt Cremefine Naturell. Varm saucen forsigtigt op ved konstant omrøring. Saucen må ikke koge. Tag den af varmen og pisk smørret i. Smag til med citronsaft, salt og peber.
Anret poularden på et forvarmet fad. Servér saucen i en forvarmet sauceskål. Som tilbehør anbefales flødekartoffelpuré.

Geflügelfond

Zutaten

4 kg Hühnerknochen
200 g Karotten
200 g Zwiebeln
100 g Knollensellerie
150 g Porree
1 Bouquet garni: 10 Stängel Petersilie,
3 Zweige Thymian, 1 Lorbeerblatt
30 g grobes Salz

Das Suppengemüse vorbereiten. Karotten, Sellerie, Zwiebeln und Porree in Würfel schneiden. Die Kräuter waschen, trocken tupfen und zu einem Sträußchen zusammenbinden.
Die Hühnerknochen in einen großen Topf legen. Suppengemüse, Bouquet garni und Salz dazugeben. Die Knochen mit Wasser bedecken. Alles langsam zum Siedepunkt bringen und den Schaum mit einer Schaumkelle entfernen. Bei milder Hitze 4 Stunden köcheln lassen.
Ab und an den Schaum entfernen.
Den Fond durch ein Sieb gießen, eventuell ein nasses, dünnes Geschirrtuch in das Sieb legen, und abkühlen lassen. In Eiswürfelbehälter füllen und einfrieren. Die Würfel nach 24 Stunden in Gefriertüten im Gefrierschrank aufbewahren.
Für Saucen und Eintöpfe benutzen.

Fjerkræfond

4 kg kyllingeskrog
200 g gulerødder
200 g løg
100 g selleri
150 g porre
1 bouqet garni: 10 stilke persille,
3 kviste timian, 1 laurbærblad
30 g groft salt

Istandgør grøntsagerne. Skær dem i terninger. Vask krydderurterne og bind dem sammen.
Læg skrogene i en stor gryde med grøntsager, bouquet garni, salt og tilsæt vand til Bring fonden langsomt på kogepunkt og skum omhyggeligt med en hulske. Dæmp varmen. Småkog fonden 4 timer. Skum af og til.
Si fonden, eventuel gennem et fugtigt, tyndt viskestykke lagt i sigten. Afkøl fonden.
Nedfrys den i isterningbakker. Læg efter et døgn terningerne i alufolieposer.
Brug dem til sauce og gryderetter.

Ente im Linsenbett mit Frühlingszwiebeln

4 Personen

Ente
1 Ente, 1,8 kg
30 g Butter

Soße
20 g eiskalte Butter
20 g Schalotten
1 dl Weißwein
3 dl Wasser

Linsengemüse
250 g Linsen
30 g Zwiebeln
30 g Karotten
15 g Porree
15 g Sellerie
20 g Bacon
50 g Butter
5 dl Geflügelfond oder Wasser
1 Bouquet garni: 10 Stängel Petersilie,
3 Zweige Thymian, 1 Lorbeerblatt
Salz, Pfeffer

Frühlingszwiebeln
12 Frühlingszwiebeln
Salz- und Eiswasser
5 cl Wasser
10 g Butter
Zucker
Salz, Pfeffer

Am Vortag beginnen!
Die Linsen 12 Stunden in kaltem Wasser einweichen.

Am nächsten Tag:
Den Backofen auf 220 °C vorheizen.
Die Ente sorgfältig unter fließendem Wasser waschen und innen und außen mit Küchenkrepp trocken tupfen. Überflüssiges Fett abschneiden. Flügel und Keulen mit Küchengarn zusammenbinden. Die Ente in einem großen Schmortopf in Butter von allen Seiten gut anbraten und bedeckt im Backofen 40 Minuten schmoren lassen.
Die Linsen abtropfen lassen. Das Gemüse putzen oder schälen und waschen. Die Zwiebel schälen und in kleine Würfel schneiden. Den Bacon ebenfalls würfeln. Die Butter bei geringer Hitze in einem Topf schmelzen. Die Gemüse- und Baconwürfel dazugeben, kurz verrühren und bei geschlossenem Topf 3 Minuten dünsten. Mit Geflügelbrühe oder Wasser ablöschen, die Linsen und das Bouquet garni dazugeben. Mit Salz und Pfeffer würzen.
45 Minuten leicht köcheln lassen. Gelegentlich umrühren.

Die Frühlingszwiebeln putzen, grobes Grün entfernen. In kochendem Salzwasser ca. 5 Minuten kochen, sie sollten bissfest sein. In Eiswasser abschrecken und abtropfen lassen.
Die Ente aus dem Schmortopf nehmen und warm stellen. Für die Sauce die Schalotte in feine Würfel schneiden und in den Schmortopf geben. Mit Weißwein ablöschen. Die Flüssigkeit restlos einkochen lassen. Das Wasser in den Schmortopf gießen und kurz aufkochen lassen, damit sich der Bratensatz lösen kann. Die Sauce auf die Hälfte einkochen lassen und durch ein feines Sieb streichen. 20 g eiskalte Butter einrühren.
Die Frühlingszwiebeln in einem Topf mit dem Wasser und der Butter heiß schwenken und mit Zucker, Salz und Pfeffer würzen.
Die Entenkeulen mit einem scharfen Messer abtrennen. Das Brustfleisch vom Knochengerüst lösen und schräg in mundgerechte Stücke schneiden.
Die Entenbrust auf einem Linsenbett auf einer vorgewärmten Platte anrichten und mit den Frühlingszwiebeln umkränzt servieren. Die Sauce dazu reichen.
Die Entenkeulen nochmals 15 Minuten im Backofen braten. Im Anschluss an die Entenbrust mit etwas Salat der Saison servieren.

And på bund af linser med forårsløg

4 personer

And
1 and, 1,8 kg
30 g smør

Sauce
20 g iskoldt smør
20 g hakket skalotteløg
1 dl hvidvin
3 dl vand

Linser
250 g linser
30 g løg
30 g gulerødder
15 g porre
15 g selleri
20 g bacon
50 g smør
5 dl fjærkræfond eller vand
1 bouquet garni: 10 stilke persille, 3 kviste timian, 1 laurbærblad
salt, peber

Forårsløg
12 forårsløg
salt- og isvand
5 cl vand
10 g smør
sukker
salt, peber

Gå i gang med retten dagen før!
Udblød linserne i koldt vand 12 timer.

Næste dag:
Tænd ovnen og indstil den på 220°.
Gør anden i stand. Skyl og tør den indvendig og udvendig med køkkenrullen. Fjern overflødig fedt fra anden. Bind vinger sammen på ryggen. Bind yderste lårknogle sammen. Brun anden i gyldent fedtstof på en pande. Sæt den i ovnen 40 minutter.
Hæld linserne til afdrypning. Istandgør grøntsagerne. Skær grøntsager og bacon i små terninger. Smelt smørret i en gryde og tilsæt bacon og grøntsager. Damp det ved svag varme under låg i 3 minutter. Tilsæt fjerkræfond, linser, bouquet garni, salt og peber. Lad det koge ved svag varme under låg i ca. 45 minutter.
Istandgør forårsløg. Skær den øverste del af den grønne top af. Blanchér løgene i kogende saltet vand. De skal nærmest være „al dente" og ikke koge for længe. Læg dem i isvand. Hæld dem til afdrypning.
Tag anden op og hold den varm. Læg skalotteløgene på panden. Hæld hvidvin ved.
Lad det koge ind, til al væske er fordampet. Hæld 3 dl vand i panden og lad det koge ind til det halve ved stærk varme. Sigt saucen. Tilsæt 20 g iskoldt smør.
Sautér forårsløgene i en gryde i smør og vand. Drys med sukker, salt og peber.
Tag anden ud af ovnen. Skær lårene af. Skær brystkødet fra brystbenet og dernæst i skrå skiver.
Anret linserne på et forvarmet fad. Placer andebrystskiverne oven på linserne. Krans retten med forårsløg. Servér saucen til.
Læg lårene i et ovnfast fad. Steg dem i ovnen i 15 minutter.
Servér lårene som anden ret med lidt salat.

Entenkeulen en confit

4 Personen

Zutaten

4 große Entenkeulen
2 Knoblauchzehen
2 Lorbeerblätter
Thymian
grobes Meersalz
1 l Enten- oder Gänsefett

2 Tage im Voraus beginnen!
Die Entenkeulen mit Küchenkrepp trocken tupfen und mit Knoblauch einreiben. Zusammen mit dem Lorbeerblatt und etwas Thymian auf einen Teller legen. Das Fleisch mit dem Meersalz bedecken.
12 Stunden in den Kühlschrank stellen.

Am nächsten Tag:
Den Backofen auf 100 °C vorheizen. Die Keulen abspülen und mit Küchenkrepp abtrocknen.
In einen Schmortopf legen und das Entenfett dazugeben. Den Schmortopf schließen und die Entenkeulen etwa 5 Stunden im Ofen garen. Herausnehmen und 24 Stunden kalt stellen.

Am Tag der Zubereitung:
Den Backofen auf 200 °C vorheizen.
Die Keulen von beiden Seiten anbraten, in eine feuerfeste Form legen und für etwa 10 Minuten im Ofen bräunen.
Zu diesem sehr klassischen und gehaltvollen Gericht werden in Gänsefett gebratene Kartoffeln serviert.

Andelår en confit

4 personer

4 store andelår
2 fed hvidløg
2 laurbærblade
timian
groft havsalt
1 l ande- eller gåsefedt

Gå i gang med retten 2 dage før!
Dup lårene tørre med køkkenrullen. Gnid dem med hvidløg.
Læg dem på en tallerken sammen med laurbærblade og timian.
Dæk kødet med groft salt. Stil det i køleskab 12 timer.

Næste dag:
Tænd ovnen og indstil den på 100°.
Skyl lårene og tør dem godt med køkkenrulle. Læg dem i en kasserolle. Hæld andefedt ved. Lad lårene mørne under låg i cirka 5 timer. Tag dem op og stil dem i køleskab 24 timer.

Selve dagen:
Indstil ovnen på 200°.
Brun fedtstoffet på en pande. Brun lårene på begge sider.
Læg lårene i et ildfast fad. Brun dem i ovnen i cirka 10 minutter.
Servér lårene i fadet.
Til denne meget klassiske og kraftige ret serveres brasede kartofler, stegt i andefedt.

Coq au Riesling

4 Personen

Zutaten

1 Hahn, 1,5 kg
200 g Butter
20 g Mehl
Salz, Pfeffer
300 g Champignons
50 g Schalotten
7 dl Riesling
5 cl Cognac
3 dl Creme double

Den Hahn gründlich waschen und trocken tupfen. In 8 Stücke zerteilen.
Mehl, Salz und Pfeffer mischen und die Stücke darin wenden.
Butter in einem Schmortopf erhitzen. Das Fleisch darin etwa 5 Minuten bräunen.
Die Champignons kalt abbrausen, trocken tupfen und vierteln.
Die Schalotten schälen und in kleine Würfel schneiden.
Die Würfel auf die Geflügelteile streuen. Mit Cognac flambieren (siehe Coq au vin). Den Riesling zugießen. Etwas einkochen lassen. Creme double einrühren. Alles zugedeckt bei milder Hitze 30–40 Minuten gar schmoren.
Die Geflügelteile in eine Schüssel oder auf eine tiefe Platte legen und warm stellen.
Die Champignons in die Sauce geben und bei milder Hitze etwa 10 Minuten garen. Mit Salz und Pfeffer abschmecken.
Die Geflügelteile mit der Sauce überziehen und servieren.
Dazu passen hausgemachte Nudeln.

Coq-au-riesling

4 personer

1 hane, 1,5 kg
200 g smør
20 g mel
salt, peber
300 g champignoner, skåret i kvarte
50 g hakkede skalotteløg
5 cl cognac
7 dl riesling
3 dl Cremefine Naturell

Vask hanen og tør den godt med køkkenrullen. Skær den i 8 stykker.
Bland mel, salt og peber sammen og vend hanestykkerne heri.
Brun smørret i en kasserolle. Brun hanestykkerne cirka 5 minutter.
Overdrys kødet med hakket skalotteløg. Flamber med cognac (se Coq-au-vin).
Hæld hvidvin i gryden. Lad det koge lidt ind. Tilsæt Cremefine Naturell. Lad kødet mørne ved lav varme i cirka 30–40 minutter.
Tag hanestykkerne op. Anret dem i et halvdybt fad og hold dem varme.
Hæld champignoner i kasserollen. Lad saucen koge ved lav varme i ca. 10 minutter. Smag til med salt og peber.
Hæld saucen over kødet. Servér retten med friske nudler.

Crépinette de poularde an pomme boulangère

4 Personen

Zutaten

1 Poularde, 2 kg
etwas Öl
etwas Butter
1 kleine Stange Porree
1 Zwiebel
1 Karotte
1 Stange Staudensellerie
2 dl Weißwein
1,5 l Wasser
100 g Schweinenacken
1 Knoblauchzehe
1 Bund Petersilie
1 EL gehackte Petersilie
2 Schalotten
Muskat
Salz, Pfeffer
1 Fettnetz (30 cm x 30 cm)
100 g Butter
500 g Zwiebeln
1 kg Kartoffeln

Die Keulen abtrennen, häuten und ausbeinen. Die Poularde der Länge nach mit der Geflügelschere halbieren. Die Poulardenbrüste ausbeinen. Die Knochen grob zerkleinern.
Porree und Staudensellerie putzen, die Karotte und die Zwiebel schälen. Alles in kleine Stücke schneiden.
Das Öl und die Butter in einem Topf erhitzen. Die Knochen und das Gemüse darin anbräunen.
Den Wein zugießen und einkochen lassen. Mit Wasser auffüllen und aufkochen lassen. Die Bouillon bei milder Hitze zur Hälfte einkochen lassen und durch ein Sieb in einen anderen Topf gießen.
Die Petersilie kalt abspülen, trocken schütteln, abzupfen und fein hacken. Etwa einen Esslöffel davon zum Garnieren verwenden.
Knoblauch und Schalotten schälen und fein hacken. Die Zwiebeln schälen und in Scheiben schneiden. Die Kartoffeln schälen, waschen und in Scheiben schneiden.
Das Fleisch der Keulen und das Schweinefleisch durch einen Fleischwolf drehen. Mit Knoblauch, Schalotten und Petersilie mischen und mit Salz, Pfeffer und etwas Muskat würzen.
Taschen in die Poulardenbrüste schneiden. Die Farce in die Taschen füllen. Die Poulardenbrüste auf das Fettnetz legen und zu einer Roulade aufrollen. Mit Salz und Pfeffer würzen.
In 50 g Butter von beiden Seiten bräunen.
Den Backofen auf 200 °C vorheizen.
Die Zwiebelringe in 50 g Butter bräunen.
Kartoffel- und Zwiebelscheiben abwechselnd in eine Kasserolle schichten. Die Poulardenbrüste darauf legen. Die Bouillon dazugießen und 40 Minuten im Ofen garen.
Mit Petersilie bestreut in der Kasserolle servieren.

Crépinette de poularde med pomme boulangère

4 personer

1 poulard, 2 kg
lidt olie
lidt smør
1 lille grofthakket porre
1 grofthakket løg
1 grofthakket gulerod
1 stilk grofthakket bladselleri
2 dl hvidvin
1,5 l vand
100 g nakkekam
1 fed finthakket hvidløg
1 bundt hakket persille
1 spsk hakket persille
2 finthakkede skalotteløg
muskat
salt, peber
1 svineslag (30 cm x 30 cm)
100 g smør
500 g løg, skåret i skiver
1 kg kartofler, skåret i skiver

Skær lår fra poularden og fjern skindet. Udben lårene. Skær brystkødet fra brystbenet. Hak benene groft. Varm olie og smør i en gryde. Brun ben og grøntsager. Tilsæt hvidvin og lad den koge ind. Hæld 1,5 liter vand ved og lad det koge op. Dæmp varmen. Lad bouillonen koge ind til det halve. Sigt bouillonen.
Hak lår- og svinekødet i en kødhakkemaskine. Tilsæt hvidløg, persille og skalotteløg. Smag til med salt, peber og lidt muskat.
Skær en lomme i poulardbrysterne. Fyld farsen i lommen. Pak kødet ind i svineslaget. Drys med salt og peber.
Varm 50 g smør på en pande. Brun poulardbrysterne på alle sider.
Indstil ovnen på 200°.
Brun resten af smørret på en pande. Svits løgene.
Læg kartofler og løg skiftevis i en kasserolle. Læg poulardbrysterne oven på. Hæld bouillonen over. Sæt kasserollen i ovnen i 40 minutter.
Servér retten i kasserollen. Drys med persille ved anretningen.

Pochierte Poularde mit Shii-Take-Creme

4 Personen

Poularde
1 Poularde, 2 kg
Salz, Pfeffer
4 l Wasser
1 TL grobes Salz
2 Stangen Porree
2 Karotten
1 Zwiebel
1 Nelke
2 Knoblauchzehen
1 Stange Staudensellerie

Creme
100 g Butter
100 g Mehl
1 l Bouillon
Salz, Pfeffer
Muskat
1,5 dl Crème fraîche
500 g kleine Shii-Take-Pilze
etwas Butter
2 Schalotten
5 cl Wasser
Salz, Pfeffer

Beilage
300 g frische Erbsen
1 Zwiebel
100 g Bacon
40 g Butter
20 g eiskalte Butter
etwas Thymian
Salz, Pfeffer
etwas Muskat

Die Poularde waschen, trocken tupfen und innen und außen mit Salz und Pfeffer einreiben.
Das Gemüse putzen und waschen. Zwiebel und Knoblauch schälen. Gemüse, Nelke, Zwiebel und Knoblauch in kaltes Salzwasser geben und langsam zum Kochen bringen. Die Poularde in das kochende Salzwasser geben. Kurz aufkochen lassen. Den sich bildenden Schaum immer wieder mit der Schaumkelle abschöpfen. Den Topf schließen. Die Poularde bei milder Hitze etwa 1 1/2 Stunden köcheln lassen.

75 g Butter in einem Topf schmelzen. Das Mehl dazugeben und unter Rühren goldgelb werden lassen. Mit 1/3 der heißen Bouillon ablöschen und mit dem Schneebesen glatt rühren. Die restliche Bouillon nach und nach dazugießen, immer wieder glatt rühren und 5 Minuten bei milder Hitze köcheln lassen.
Die Crème fraîche einrühren. Mit Salz, Pfeffer und Muskat abschmecken. Die Sauce einkochen lassen, bis sie eine schöne, sämige Konsistenz hat und in einen anderen Topf passieren.
Die Shii-Take-Pilze waschen und abtupfen. In 25 g Butter etwa 10 Minuten bei milder Hitze dünsten.
Die Schalotten schälen, in feine Würfel schneiden und zu den Pilzen geben. Das Wasser dazu gießen und alles kurz durchschwenken. Mit Salz und Pfeffer würzen, 2 Minuten bei milder Hitze dünsten. Die Pilze mit den Zwiebeln in die Sauce geben.
Die Erbsen unter kaltem Wasser kurz abspülen, 2 Minuten in Salzwasser blanchieren und abtropfen lassen.
Die Zwiebel schälen und in feine Würfel schneiden. Den Bacon in Würfel schneiden, blanchieren und abtropfen lassen. In einer Pfanne in 40 g Butter 2 Minuten anschwitzen. Mit Thymian, Salz, Pfeffer und Muskat würzen. Die Erbsen dazugeben und die restliche Butter unterrühren.
Die Poularde aus der Brühe heben, abtropfen lassen und in Stücke teilen.
Auf einer vorgewärmten Platte anrichten und mit der Shii-Take-Creme überziehen. Die Erbsen extra servieren.

Pocheret poulard med Shii-Take-crème

4 personer

Poulard
- 1 poulard, 2 kg
- salt, peber
- 4 l vand
- 1 tsk groft salt
- 2 grofthakkede porrer
- 2 grofthakkede gulerødder
- 1 løg
- 1 hel nellike
- 2 fed grofthakket hvidløg
- 1 stilk grofthakket bladselleri

Crème
- 100 g smør
- 100 g mel
- 1 l bouillon
- salt, peber
- muskat
- 1,5 dl crème fraîche
- 500 g små Shii-Take-svampe
- lidt smør
- 2 finthakkede skalotteløg
- 5 cl vand
- salt, peber

Tilbehør
- 300 g bælgede ærter
- 1 finthakket løg
- 100 g blancheret bacon, skåret i terninger
- 60 g smør
- lidt timian
- salt, peber
- lidt muskat

Vask poularden. Tør den indvendig og udvendig med køkkenrullen. Gnid poularden indvendig og udvendig med salt og peber.
Istandgør grøntsagerne. Skræl løg og hvidløg.
Hæld vand i en stor gryde. Kom grøntsager, nellike, løg og hvidløg i. Tilsæt salt. Bring vandet langsomt i kog. Læg poularden i det kogende vand. Giv den et kort opkog. Skum meget omhyggeligt. Lad det koge under låg ved lav varme i cirka 90 minutter.
Smelt 75 g smør i en gryde. Tilsæt mel. Rør med piskeris, til blandingen er glat. Tilsæt 1/3 af den varme bouillon. Rør konstant, til afbagningen er glat, klumpfri og i kog. Tilsæt resten af bouillonen af to gange under piskning. Kog det i 5 minutter. Tilsæt crème fraîche. Smag til med salt, peber og muskat. Lad saucen koge ind til en passende konsistens. Sigt saucen.
Vask Shii-Take-svampene og tør dem godt med køkkenrullen.
Brun 25 g smør på en pande. Rist svampene på middel varme i cirka 10 minutter. Tilsæt skalotteløg og vand. Krydr med salt og peber. Lad det koge i 2 minutter. Kom svampene i saucen.
Vask ærterne i en sigte. Blanchér dem i saltet vand i 2 minutter. Hæld dem til afdrypning.
Smelt 40 g smør og tilsæt løg og bacon. Lad det svitse 2 minutter uden at brune. Krydr med timian, salt, peber og muskat. Hæld ærterne i. Tilsæt resten af smørret.
Tag poularden op og skær den i portionsstykker.
Anret kødet på et forvarmet fad og hæld Shii-Take-crème over.
Servér ærterne i en forvarmet skål.

Stubenküken an Morchel-Creme

4 Personen

Zutaten

4 Stubenküken à 400 g
80 g Butter
400 g Morcheln
2 dl Madeira
2 dl Crème fraîche
Salz, Pfeffer

Den Backofen auf 190 °C vorheizen.
Die Stubenküken gründlich waschen. Innen und außen mit Küchenkrepp abtrocknen. In einem Schmortopf in 40 g Butter von beiden Seiten anbraten. Mit Salz und Pfeffer würzen. Etwa 30 Minuten im Backofen braten.
Die Morcheln kurz mit kaltem Wasser abbrausen und auf Küchenkrepp abtropfen lassen.
Die restliche Butter in einem Topf erhitzen. Die Morcheln im geschlossenen Topf bei milder Hitze etwa 10 Minuten dünsten.
Die Stubenküken aus dem Schmortopf nehmen.
Den Bratensatz mit Madeira ablöschen und zur Hälfte einkochen lassen. Morcheln und Crème fraîche hinzugeben und etwa 7 Minuten einkochen lassen. Mit Salz und Pfeffer abschmecken.
Die Stubenküken auf vorgewärmten Tellern anrichten und mit der Morchel-Creme umkränzen. Dazu passen Nudeln.

Poussin med morkel-crème

4 personer

4 poussins à 400 g
80 g smør
400 g morkler
2 dl madeira
2 dl crème fraîche
salt, peber

Tænd ovnen og indstil den på 190°.
Tør kyllingerne indvendig og udvendig med køkkenrullen.
Brun dem på begge sider i 40 g gyldent smør i en kasserolle. Drys med salt og peber. Steg kyllingerne i ovnen i cirka 30 minutter.
Vask morklerne. Dryp dem af på køkkenrullen. Smelt resten af smørret i en gryde. Læg morklerne i. Lad morklerne mørne under låg ved lav varme i 10 minutter.
Tag kyllingerne op og hold dem varme.
Hæld madeira i kasserollen og lad den koge ind til det halve. Kom morklerne i. Tilsæt crème fraîche. Lad saucen koge ved svag varme i cirka 7 minutter. Smag til med salt og peber.
Anret kyllingerne på forvarmede tallerkener. Krans kyllingerne med morkel-crème. Servèr retten med nudler.

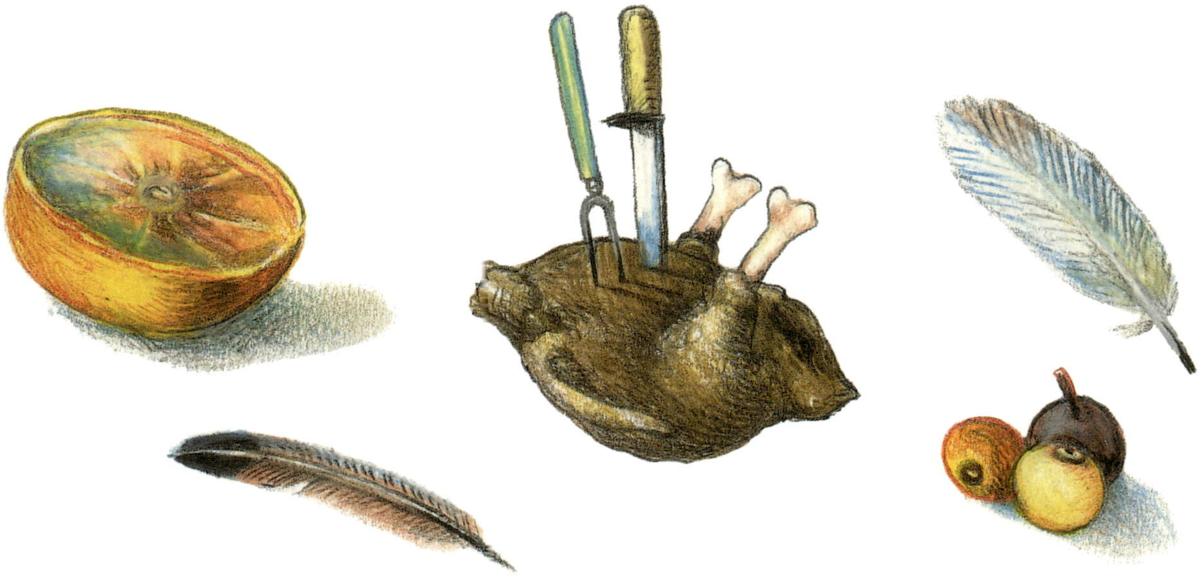

Stubenküken im Salzteig mit Senfbutter nach alter Art

4 Personen

Zutaten

2 Stubenküken à 500 g
Salz, Pfeffer
250 g grobes Salz
2 Eier
250 g Mehl
etwas Thymian
8 dl Wasser

Senfbutter

1 dl Bouillon oder Wasser
150 g eiskalte Butter
Saft von 1 Zitrone
Salz, Pfeffer
2 EL „Senf nach alter Art"

Am Vortag beginnen!
150 g grobes Salz, 2 Eiweiß, 250 g Mehl, Thymian und Wasser verrühren.
So lange kneten, bis ein geschmeidiger Teig entsteht. Zugedeckt bis zum nächsten Tag in den Kühlschrank stellen.

Am nächsten Tag:
Die Stubenküken von innen und außen salzen und pfeffern.
Den Backofen auf 240° C vorheizen.
Die Hälfte des Teiges zu einem Rechteck ausrollen. Die Stubenküken darauf legen. Den Rest des Teiges ausrollen. Die Stubenküken damit bedecken. Die Teigränder andrücken. Das Teigpaket mit dem Eigelb bestreichen. Mit 100 g grobem Salz bestreuen. Die Stubenküken 30 Minuten im Backofen backen. Den Teigmantel entfernen, die Stubenküken in 8 Stücke teilen (4 Schenkel und 4 Brüste) und warm stellen.
Bouillon/Wasser in einem Topf aufkochen. Die Butter in kleinen Stückchen mit einem Schneebesen nach und nach einrühren. Mit Salz, Pfeffer und Zitronensaft würzen. Den Senf in die Sauce rühren. Jeweils 1 Schenkel und 1 Stück Brustfleisch auf vorgewärmten Tellern anrichten und mit der Sauce umkränzen. Dazu passen auf grobem Salz gebackene Ofenkartoffeln.

Poussin i saltdej med gammeldags sennepssmør

4 personer

2 poussins à 400 g
salt, peber
250 g groft salt
2 æg
250 g mel
lidt timian
8 dl vand

Sennepssmør

1 dl bouillon eller vand
150 g iskoldt smør
saften af 1 citron
salt, peber
2 spsk gammeldags sennep

Gå i gang med retten dagen før!
Bland 150 g salt, 2 æggehvider, 240 g mel, timian og vand. Ælt dejen godt igennem. Stil den tildækket i køleskab til næste dag.

Næste dag:
Aftør kyllingerne med køkkenrullen. Gnid dem indvendig og udvendig med salt og peber.
Tænd ovnen og indstil den på 240°.
Rul halvdelen af dejen ud til en plade. Læg kyllingerne på midten af dejen. Rul resten af dejen ud. Læg den på kyllingerne. Luk enderne af dejen. Pensl pakken med sammenpiskede æggeblommer. Drys pakken med 100 g groft salt. Bag kyllingerne i ovnen i 30 minutter. Fjern dejen. Skær kyllingerne i 8 stykker (4 lår og 4 kyllingebryster). Hold dem varme.
Kog bouillon/vand op i en gryde. Tilsæt smør i små portioner. Pisk hele tiden kraftigt. Smag til med salt, peber og citronsaft. Tilsæt sennep.
Anret et lår og et stykke bryst på en forvarmet tallerken. Krans retten med sauce. Som tilbehør anbefales ovnbagte kartofler, bagt på groft salt.

Spieß von der Entenbrust mit Olivenbutter

4 Personen

Zutaten

2 große Entenbrüste
8 Steinpilze
8 Scheiben Bacon
4 Spieße
1 Knoblauchzehe
1 dl Olivenöl
100 g schwarze Oliven ohne Stein
100 g Butter
Saft von 1 Zitrone
Salz, Pfeffer

Die Entenbrüste trocken tupfen.
Steinpilze putzen, kurz mit kaltem Wasser abbrausen und auf Küchenkrepp abtropfen lassen.
Entenbrüste, Pilze und Speck in 3–4 cm große Würfel schneiden. Die Spieße mit der Knoblauchzehe einreiben. Fleisch, Pilze und Bacon abwechselnd auf die Spieße stecken. Mit Salz und Pfeffer würzen. In eine flache Schüssel legen, mit Olivenöl übergießen und kalt stellen.
Die Oliven im Mixer mit Butter, Zitronensaft, Salz und Pfeffer zu einer geschmeidigen Masse pürieren. Die Olivenbutter fingerbreit ausrollen und in den Kühlschrank stellen.
In 3–4 cm große Würfel schneiden.
Die Spieße hauptsächlich auf der Hautseite 8–10 Minuten auf dem Grillrost, auf Grillfolie oder in der Pfanne braten. Oft wenden.
Die Entenbrustspieße auf einer vorgewärmten Platte anrichten und mit der Olivenbutter garnieren. Dazu passt Reis.

Andebrystspid med olivensmør

4 personer

2 store andebryster
8 Karl Johan svampe
8 skiver røget bacon
4 grillspid
1 fed hvidløg
1 dl olivenolie
100 g sorte oliven uden sten
100 g smør
saften af 1 citron
salt, peber

Dup andebrysterne tørre.
Rens og vask svampene. Dryp dem af på køkkenrullen.
Skær andebryster, svampe og bacon i terninger på 3–4 cm. Gnid grillspiddene med hvidløg.
Sæt kød, svampe og bacon skiftevis på grillspiddene. Drys med salt og peber. Læg dem i et fad. Hæld olivenolie over og stil dem i køleskabet.
Kom oliven, smør, citronsaft, salt og peber i et blenderglas. Blend til olivensmørret er passende i konsistens. Rul smørret ud til $^1/_2$ cm tykkelse. Stil det i køleskab cirka 2 timer. Skær smørret i terninger på 3–4 cm.
Tag andespiddene op.
Læg folie på grillristen og læg spiddene på. Steg dem i 8–10 minutter. Vend dem ofte og lad dem grille mest på skindsiden. Spiddene kan også steges på en pande.
Anret andespiddene på et varmt fad. Pynt med olivensmørterninger. Servér retten med ris.

Carpaccio von der Barbarie-Entenbrust mit Tapenade

4 Personen

Zutaten

1 tiefgefrorene Barbarie-Entenbrust, 400 g
4 hart gekochte Eier
100 g Mayonnaise
4 Radieschen, in feine Scheiben geschnitten

Tapenade

170 g schwarze Oliven ohne Stein
2 Knoblauchzehen
50 g Anchovisfilets
50 g Kapern
2 dl Olivenöl
Salz, Pfeffer

Alle Zutaten im Mixer verrühren.

Vinaigrette

15 cl Olivenöl
5 cl Balsamico-Essig
1 EL Tapenade
Saft von 1 Zitrone
20 g Basilikum
Salz, Pfeffer

Basilikum waschen, trocken tupfen und fein hacken. Balsamico-Essig, Zitronensaft, Basilikum, Salz und Pfeffer in einer Schüssel sehr gut verrühren. Das Olivenöl einfließen lassen und unterrühren. 1 EL Tapenade zu der Vinaigrette geben. Eier fein hacken und mit der Mayonnaise und der restlichen Tapenade mischen.

Die gefrorene Entenbrust mit einem sehr scharfen Messer oder mit der Maschine in dünne Scheiben schneiden. Einen Teil der Vinaigrette mit einem Pinsel auf die Teller streichen. Scheiben der Entenbrust darauf kreisförmig anrichten. Mit dem Rest der Vinaigrette bepinseln und mit Salz und Pfeffer bestreuen. Die Tapenade eiförmig auf den Entenbrustscheiben anrichten und mit Radieschenscheiben garnieren.

Carpaccio fra berberiandebryst med tapenade

4 personer

1 dybfrosset berberiandebryst, 400 g
4 hårdkogte finthakkede æg
100 g mayonnaise
4 radiser, skåret i tynde skiver

Tapenade

170 g sorte oliven uden sten
2 fed hvidløg
50 g ansjosfilet
50 g capers
2 dl olivenolie
salt, peber

Kom det i blenderglasset. Blend til tapenaden er passende i konsistens.

Vinaigrette

15 cl olivenolie
5 cl balsamicoeddike
saften af 1 citron
20 g hakket basilikum
1 spsk tapenade
salt, peber

Rør balsamicoeddike, citronsaft, basilikum, tapenade, salt og peber godt sammen. Pisk olivenolie i.

Skær den frosne andebryst i meget tynde skiver, enten med en skarp kniv eller med en pålægsmaskine. Tag en pensel og fordel vinaigretten på tallerkener. Læg andebrystskiverne cirkelformet på. Pensl kødet med vinaigretten. Drys med salt og peber. Blend resten af tapenaden med mayonnaise og æg. Anret andebrystskiverne på tallerkener. Placer tapenaden midt på. Pynt med radiser.

Hans-Ruprecht Leiß 2 0 0 5

Baskisches Huhn

4 Personen

Zutaten

1 Huhn, 1,5 kg
2 dl Olivenöl
200 g Bayonne-Schinken
1 rote Paprikaschote
1 grüne Paprikaschote
3 kleine rote Chilis
500 g Tomaten
200 g Zwiebeln
3 Knoblauchzehen
2 cl Weißwein
Salz, Pfeffer
eine große Portion gehackter Kerbel

Das Huhn in 8 Stücke teilen. In einem Topf mit der Hälfte des Olivenöls von beiden Seiten anbraten. Fleisch herausnehmen und warm stellen.
Schinken in Würfel schneiden. Paprikaschoten halbieren, von Rippen und Kernen befreien, die Schotenhälften kalt waschen, abtropfen lassen und in 2 cm breite Streifen schneiden.
Chilis halbieren, Kerne entfernen und in sehr feine Streifen schneiden.
Die Tomaten am stiellosen Ende kreuzweise leicht einschneiden, mit kochendem Wasser überbrühen und die aufgesprungene Tomatenhaut mit einem Messer rundherum abziehen. Kerne entfernen und die Tomaten in kleine Würfel schneiden.
Zwiebeln und Knoblauch schälen und fein hacken.
Den Rest des Olivenöls zum Bratfett geben und erhitzen. Schinken, Zwiebeln und Knoblauch darin kurz dünsten. Chili, Paprika und Tomaten zugeben. Mit dem Weißwein ablöschen. Bei milder Hitze etwa 15 Minuten köcheln lassen.
Die Geflügelstücke dazugeben. Zugedeckt bei milder Hitze etwa 30 Minuten schmoren. Mit Salz und Pfeffer abschmecken.
Das Gericht mit Kerbel bestreuen und im Topf servieren.

Kylling som i Baskerlandet

4 personer

1 stor kylling, 1,5 kg
2 dl olivenolie
200 g bayonneskinke, skåret i terninger
1 rød peberfrugt
1 grøn peberfrugt
3 små udkernede, fintsnittede røde chilier
500 g tomater
200 g løg
3 fed hvidløg
2 cl hvidvin
salt, peber
en stor portion hakket kørvel

Skær kyllingen i 8 stykker.
Varm 1 dl olivenolie op i en gryde. Brun kyllingestykkerne heri ved kraftig varme. Tag dem op og hold dem varme.
Vask peberfrugterne. Halver dem og fjern frøstole og frø. Skær dem i strimler på 2 cm.
Flå tomaterne. Spul dem over med koldt vand. Halver dem og fjern kernerne.
Pil skindet af. Skær tomaterne i små firkanter.
Pil løg og hvidløg. Hak det meget fint.
Hæld resten af olivenolie i gryden. Varm olien ved god varme.
Tilsæt skinke, løg og hvidløg. Dæmp varmen. Damp det under låg i cirka 2–3 minutter. Tilsæt chili, peberfrugt og tomater sammen med hvidvin. Lad det koge ved svag varme i cirka 15 minutter.
Læg kyllingestykkerne tilbage i gryden. Drys salt og peber over.
Lad retten småsnurre under låg i 30–45 minutter.
Drys hakket kørvel over og servér retten i gryden.

Ragout von der Ente an Sojasauce und jungem Gemüse

4 Personen

Zutaten

1 Ente, 1,8 kg
1 dl Olivenöl
10 kleine Schalotten
2,5 dl Weißwein
25 cl Wasser
100 g Karotten
80 g Kohlrabi
80 g Knollensellerie
100 g grüne Bohnen
100 g frische Erbsen
1 dl Sojasauce
5 g fein gehackter Ingwer
50 g eiskalte Butter
0,5 dl Rotweinessig
Salz, Pfeffer

Den Backofen auf 140 °C vorheizen.
Die Ente innen und außen unter fließendem kalten Wasser waschen. Mit Haushaltspapier abtrocknen. Keulen und Flügel mit einem scharfen Messer abtrennen.
In einem Schmortopf mit Olivenöl von allen Seiten anbraten.
Die Schalotten schälen und dazugeben.
Die Geflügelteile etwa 1 Stunde im Backofen braten.
Das Fett abgießen. Den Weißwein dazugießen und etwas einkochen lassen. Das Wasser dazugießen. Die Geflügelteile weitere 30 Minuten im Backofen garen.
Auf ein Sieb geben und den Bratensaft auffangen.
Die Keulen häuten. Das Fleisch von den Knochen lösen und in kleine Würfel schneiden.
Karotten, Kohlrabi, Sellerie und Bohnen schälen oder putzen, waschen und in Würfel schneiden. In leicht gesalzenem Wasser bissfest garen. Erbsen erst kurz vor dem Ende der Kochzeit dazugeben. Das Gemüse abgießen und kurz in kaltem Wasser abschrecken.

Anderagout med friske grøntsager

4 personer

Den Backofen auf 200 °C aufheizen.
Die Ente innen und außen leicht mit Salz und Pfeffer einreiben, mit der Brust nach oben in eine große Bratenpfanne legen und im Ofen etwa 15 Minuten braten und 15 Minuten bei geöffneter Backofentür ruhen lassen, damit sich der Fleischsaft setzt.
Die Sojasauce zur Hälfte einkochen, den Bratensaft und den Ingwer dazugeben. 2 Minuten kochen lassen. Danach die Sauce durchseihen und mit Salz und Pfeffer würzen.
Das Fleisch und das abgetropfte Gemüse unter die Sauce ziehen und erwärmen. Nach und nach die Butter in kleinen Stückchen hineinrühren. Die Sauce mit Rotweinessig abschmecken.
Die Entenbrüste vorsichtig vom Knochen lösen und schräg in lange Scheiben schneiden.
Das Ragout auf vorgewärmte Teller verteilen, die Scheiben der Entenbrust darauf anrichten und servieren.

1 and, 1,8 kg
1 dl olivenolie
10 små pillede skalotteløg
2,5 dl hvidvin
25 cl vand
100 g gulerødder
80 g majroe
80 g selleriknold
100 g grønne bønner
100 g bælgede ærter
1 dl sojasauce
5 g finthakket ingefær
50 g iskoldt smør
0,5 dl rødvinseddike
salt, peber

Tænd ovnen og indstil den på 140°.
Istandgør anden. Skær vinger og lår af.
Varm olivenolien i en kasserolle. Brun vinger og lår ved kraftig varme. Tilsæt skalotteløg. Sæt gryden i ovnen. Steg kødet cirka 1 time.
Hæld fedtet fra. Tilsæt hvidvin og kog den lidt ind.
Hæld vand ved. Sæt kasserollen i ovnen 30 minutter.
Tag kødet op. Pil skind og ben af lårene. Skær kødet i små terninger. Gem saucen.
Gør grøntsagerne i stand. Skær gulerødder, majroe, selleri og bønner i terninger. Kog grøntsagerne al dente i saltet vand.
Hæld grøntsagerne til afdrypning. Afkøl dem i koldt vand.
Indstil ovnen på 200°.
Gnid anden med salt og peber. Læg den på bradepanden med brystet opad. Steg anden i ovnen i 15 minutter. Sluk ovnen og sæt ovndøren på klem. Lad anden hvile 15 minutter, før udskæringen.
Hæld sojasaucen i en gryde og lad den koge ind til det halve ved stærk varme. Hæld saucen ved. Tilsæt ingefær. Kog saucen 2 minutter. Sigt saucen. Smag til med salt og peber.
Kom andekødet og grøntsager i saucen og varm det igennem.
Tilsæt smørret lidt efter lidt. Smag til med rødvinseddike.
Skær brystet fra. Skær det i lange, flotte skiver på skrå.
Fordel anderragouten på forvarmede tallerkener. Anret andebrystskiverne oven på.

Gans an Zwiebelsauce

6 Personen

Zutaten

1 Gans, 3 kg
50 g Gänsefett
1 kg Zwiebeln
500 g Schalotten
6 Knoblauchzehen
1 kg Tomaten
4 Zweige Thymian
1 Lorbeerblatt
$1^1/_2$ Flaschen Weißwein
50 g kalte Butter
Salz, Pfeffer

Den Backofen auf 140 °C vorheizen.
Die Gans unter fließendem kalten Wasser innen und außen gründlich waschen. Mit Küchenkrepp abtrocknen.
Zwiebeln, Schalotten und Knoblauch schälen. Den Knoblauch hacken. Die Tomaten am stiellosen Ende kreuzweise leicht einschneiden, mit kochendem Wasser kurz überbrühen. Die aufgesprungene Tomatenhaut mit einem Messer abziehen.
Die Gans in einem Schmortopf mit dem Gänsefett von allen Seiten anbraten. Die Gans herausnehmen.
Zwiebeln, Schalotten und Knoblauch in den Schmortopf geben und 15 Minuten bräunen lassen.
Die Gans in den Schmortopf legen. Tomaten, Thymian, Lorbeerblatt, Salz und Pfeffer dazugeben.
Den Weißwein über die Gans gießen. Den Topf schließen und die Gans 5 Stunden im Ofen gar schmoren.
Danach herausnehmen und tranchieren. Die Geflügelteile auf einer Platte anrichten und warm stellen.
Den Bratenfond zum Entfetten durch ein mit Küchenkrepp ausgelegtes Sieb gießen. Im Schmortopf kurz aufkochen lassen, damit sich der Bratensatz lösen kann. Die Sauce bei mittlerer Hitze zur Hälfte einkochen lassen. Mit Salz und Pfeffer abschmecken, vom Herd nehmen und die eiskalte Butter einrühren. Die Sauce gesondert zur Gans servieren.
Dazu passt Rotkohl mit frischen Feigen.

Gås med løgsauce

6 personer

1 gås, 3 kg
50 g gåsefedt
1 kg pillede løg
500 g pillede skalotteløg
6 fed hakket hvidløg
1 kg tomater
4 kviste timian
1 laurbærblad
$1^1/_2$ flasker hvidvin
50 g koldt smør
salt, peber

Tænd ovnen og indstil den på 140°.
Vask gåsen indvendig og udvendig under koldt vand. Tør den godt med køllenrullen.
Varm gåsefedt i en kasserolle. Brun gåsen på alle sider. Tag gåsen op.
Læg løg, skalotteløg og hvidløg i og lad det blive gyldent, men ikke brunt. Rør af og til. Svits det i 15 minutter.
Dyp tomaterne 20 sekunder i spilkogende vand. Spul dem over med koldt vand. Pil skindet af.
Læg gåsen tilbage i gryden. Tilsæt tomater, timian, laurbærblad, salt og peber. Hæld hvidvin over. Sæt gryden i ovnen. Lad gåsen stege under låg i 5 timer.
Tag gåsen op. Skær den i stykker. Anret gåsestykkerne på et fad og hold dem varme.
Sigt saucen og skum overflødig fedt af. Lad saucen koge ind til det halve. Tilsæt smør lidt efter lidt. Smag til med salt og peber.
Servér saucen i en varm sauceskål.
Som tilbehør anbefales rødkål med friske figner.

Jette und Aqua
ein kleines, schwedisches Liebeslied
Zum Geburtstag 2005

Ragout von der Gans mit Oliven

8 Personen

Zutaten

1 Gans, 4 kg
100 g Zwiebeln
3 Knoblauchzehen
2 Zweige Thymian
3 Stängel Petersilie
1 Lorbeerblatt
1 Flasche Rotwein
1 Flasche Weißwein
50 g Mehl
1 EL Olivenöl
30 g grüne Oliven ohne Stein
30 g schwarze Oliven ohne Stein
10 cl Olivenlake
60 g Butter
0,5 dl Rotweinessig
Salz, Pfeffer

Am Vortag beginnen!
Thymian und Petersilie waschen und trocken tupfen. Zwiebeln und Knoblauch schälen. 50 g Zwiebeln in Scheiben schneiden.
1 Knoblauchzehe fein hacken.
Die Gans in 8 Stücke teilen. Die Gänseteile in eine Schüssel legen. 1 Zweig Thymian, Zwiebelringe, fein gehackten Knoblauch, Petersilienstängel und Lorbeerblatt in die Schüssel geben. Den Rotwein und den Weißwein zugießen. Die Gänseteile 12 Stunden, am besten über Nacht, abgedeckt im Kühlschrank ziehen lassen.

Am nächsten Tag:
Den Backofen auf 180 °C vorheizen.
Die Gänseteile aus der Marinade nehmen und mit einem Geschirrtuch oder mit Küchenkrepp trocken tupfen. Die Marinade durch ein Sieb gießen und beiseite stellen. Die Gänseteile mit Mehl bestäuben.
50 g Zwiebeln fein hacken.
Die Gänseteile in einem Schmortopf mit etwas Olivenöl ringsum anbraten. Zwiebeln, 1 Zweig Thymian, 2 Knoblauchzehen, 10 schwarze Oliven, 10 grüne Oliven und den Olivensud dazugeben. Die Marinade über die Gänseteile gießen.
Im geschlossenen Topf 3 Stunden im Backofen gar schmoren.
Die Gänseteile aus dem Schmortopf herausnehmen und warm stellen.
Die Sauce durch ein feines Sieb streichen, sämig einkochen lassen. Die Butter einrühren. Die restlichen Oliven in die Sauce geben. Den Rotweinessig dazugießen.
Mit Salz und Pfeffer würzen.
Die Gänseteile zurück in den Schmortopf legen, mit der Sauce überziehen und servieren.

Gåseragout med oliven

8 personer

1 gås, 4 kg
100 g løg
3 fed hvidløg
2 kviste timian
3 stilke persille
1 laurbærblad
1 flaske rødvin
1 flaske hvidvin
50 g mel
1 spsk olivenolie
30 grønne oliven uden sten
30 sorte oliven uden sten
10 cl olivenlage
60 g smør
0,5 dl rødvinseddike
salt, peber

Gå i gang med retten dagen før!
Pil løg og hvidløg. Skær 50 g løg i skiver. Hak 1 hvidløg fint.
Partér gåsen i 8 stykker. Læg dem i et fad. Tilsæt 1 kvist timian, løg, hvidløg, persille og laurbærblad. Hæld rødvin og hvidvin over kødet.
Dæk fadet med låg. Stil det i køleskab 12 timer.

Næste dag:
Tænd ovnen og indstil den på 180°.
Tag gåsestykkerne op. Tør dem med et viskestykke eller med køkkenrullen. Sigt marinaden. Drys gåsestykkerne med mel.
Hak resten af løg fint.
Varm olivenolien godt op i en kasserolle. Brun kødet på begge sider.
Tilsæt løg, 1 kvist timian, 2 fed hvidløg, 10 sorte oliven, 10 grønne oliven og olivenlage. Hæld marinaden ved. Dæk gryden med låg.
Lad retten stege i ovnen i 3 timer.
Tag kødet op og hold det varmt.
Sigt saucen. Lad saucen koge ind til en passende konsistens. Tilsæt smørret lidt efter lidt. Kom de sidste oliven i. Hæld rødvinseddike ved. Smag saucen til med salt og peber.
Læg gåsestykkerne tilbage i kasserollen. Hæld saucen over.
Servér retten i kasserollen.

Zitronenperlhuhn

4 Personen

Zutaten

1 Perlhuhn
Saft von 1 Zitrone
1 Zitrone, geschält, in kleinen Würfeln
1 Stange Staudensellerie
1 Knoblauchzehe
60 g Butter
20 cl Weißwein
20 cl Geflügelfond
1 Bouquet garni: 10 Stängel Petersilie,
3 Zweige Thymian, 1 Lorbeerblatt
1 Eigelb
10 cl Crème fraîche
Salz, Pfeffer

Den Backofen auf 190 °C vorheizen.
Das Perlhuhn ringsherum mit Zitronensaft bestreichen.
Mit Salz und Pfeffer würzen.
Staudensellerie und Kräuter waschen und trocken tupfen.
Die Kräuter zu einem Kräutersträußchen binden. Den Knoblauch schälen und fein hacken.
Das Perlhuhn mit dem Staudensellerie, Zitronenstücken, Knoblauch und 20 g Butter füllen.
Den Rest der Butter in einem Bratentopf erhitzen. Das Perlhuhn darin zuerst auf der Brustseite braten, wenden und auf der anderen Seite braten. Weißwein und Geflügelfond angießen.
Das Bouquet garni dazugeben. Das Perlhuhn im geschlossenen Bratentopf 40 Minuten im Backofen gar schmoren, herausnehmen und in 8 Stücke teilen.
Die Perlhuhnstücke auf einer Platte anrichten und warm stellen.
Eigelb mit Crème fraîche verquirlen, die Sauce damit legieren und kurz erwärmen. Sie darf nicht kochen! Die Sauce durch ein Sieb streichen, mit Salz und Pfeffer abschmecken und über die Perlhuhnstücke geben. Dazu passen Rosmarinkartoffeln.

Perlehøne med citron

4 personer

1 perlehøne
saften fra 1 citron
1 skrældet citron, skåret i små stykker
1 stængel bladselleri
1 fed hakket hvidløg
60 g smør
20 cl hvidvin
20 cl fjerkræfond
1 bouquet garni: 10 stilke persille,
3 kviste timian, 1 laurbærblad
1 æggeblomme
10 cl crème fraîche
salt, peber

Tænd ovnen og indstil den på 190°.
Pensl perlehønen med citronsaft. Gnid den med salt og peber.
Gør bladselleri i stand og skyl krydderurterne. Læg selleri, citronstykkerne, hvidløg og 20 g smør i perlehønen.
Brun resten af smørret i en stegegryde til det er gyldent. Læg perlehønen i gryden og brun den, først på den ene side, så på den anden. Tilsæt hvidvin, hønsefond og bouqet garni. Dæk gryden med låg. Steg perlehønen i ovnen i 40 minutter.
Tag perlehønen op og skær den i 8 stykker. Anret perlehønestykkerne på et fad og hold dem varme.
Rør æggeblommen og crème fraîche godt sammen. Hæld det i saucen ved konstant piskning. Varm saucen ved meget svag varme, den må ikke koge mere! Sigt saucen. Smag til med salt og peber.
Hæld saucen over perlehønestykkerne. Servér retten med stegte pillekartofler, krydret med groft salt og rosmarin.

Perlhuhn mit Walnusskernen

4 Personen

Zutaten

1 Perlhuhn
200 g Schweinenackenfilet
100 g Speck
200 g fein gehackte Walnusskerne
100 g trockenes Weißbrot
2 EL gehackte Petersilie
100 g Schalotten
100 g Hüttenkäse
1 Ei
20 g Butter
Salz und Pfeffer
5 cl Calvados
150 g durchwachsener Speck, leicht geräuchert
etwas Öl und etwas Butter
1 Bouquet garni: 10 Stängel Petersilie,
  3 Zweige Thymian, 1 Lorbeerblatt
2 dl Weißwein
2 dl Geflügelfond

Den Backofen auf 200 °C vorheizen.
Das küchenfertige Perlhuhn kalt waschen und mit Küchenkrepp abtrocknen.
Schweinenackenfilet, Speck und Brot in feine Würfel schneiden. Mit 50 g Walnüssen, Petersilie, 50 g Schalotten, Hüttenkäse, Ei, Calvados, Butter mischen und mit Salz und Pfeffer abschmecken. Das Perlhuhn damit füllen und mit Zahnstochern verschließen.
Den durchwachsenen Speck in feine Würfel schneiden und 1 Minute blanchieren. Zum Abtropfen auf ein Sieb geben und abkühlen lassen.
Öl und Butter in einem Schmortopf erhitzen. Die Speckwürfel leicht bräunen. 150 g Walnüsse und 50 g Schalotten dazugeben. Das Perlhuhn mit dem Bouquet garni in den Schmortopf legen.
Weißwein und Geflügelfond angießen. Das Perlhuhn geschlossen 45 Minuten gar schmoren. Zwischenzeitlich 2- bis 3-mal wenden.
Perlhuhn und Kräutersträußchen herausnehmen. Das Perlhuhn in 8 Stücke teilen.
Die Füllung auf vorgewärmte Teller verteilen. Die Perlhuhnstücke darauf anrichten und mit der Walnusssauce umgießen. Dazu passen 3–4 verschiedene Sorten gebratene Waldpilze.

Perlehøne med valnødder

4 personer

1 perlehøne
200 g nakkefilet
100 g spæk
200 g hakkede valnødder
100 g tørt franskbrød
2 spsk hakket persille
100 g hakket skalotteløg
100 g Fromage Blanc
1 æg
20 g smør
salt og peber
5 cl calvados
150 g letrøget bacon
lidt olie
lidt smør
1 bouquet garni: 10 stilke persille,
  3 kviste timian, 1 laurbærblad
2 dl hvidvin
2 dl fjerkræfond eller vand

Tænd ovnen og indstil den på 200°.
Vask perlehønen under koldt vand og tør den med køkkenrullen.
Skær nakkekamfilet, spæk og brød i fine terninger. Bland det med 50 g valnødder, persille, 50 g skalotteløg, Fromage Blanc, æg, calvados og smør. Smag til med salt og peber.
Fyld farsen i perlehønen. Luk med kødpinde.
Skær bacon i terninger. Blanchér dem 1 minut i spilkogende vand. Hæld dem til afdrypning og lad dem afkøle.
Varm smør og olie op i en kasserolle. Brun baconterningerne.Tilsæt 150 g valnødder og 50 g skalotteløg. Brun valnødder og skalotteløg til løgene er gyldne. Kom perlehønen og bouquet garni i kasserollen. Hæld hvidvin og hønsefond ved. Dæk gryden med låg.
Steg perlehønen i ovnen i 45 minutter. Vend den 2 til 3 gange.
Tag perlehønen og bouquet garni op. Skær perlehønen i 8 stykker. Tag farsen ud med ske.
Fordel farsen på forvarmede tallerkener, læg perlehønestykkerne oven på. Krans retten med valnøddesauce. Som tilbehør anbefales 3 til 4 forskellige slags stegte skovsvampe.

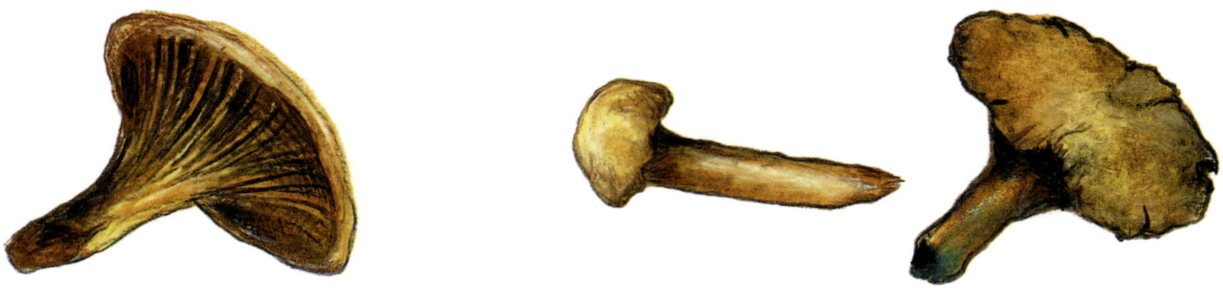

Hans-Ruprecht Leiß 2005

Perlhuhn mit feinen Bohnen und Petersiliensauce

4 Personen

Zutaten

1 Perlhuhn, 2 kg
1 große Zwiebel
2 Bunde glatte Petersilie
500 g feine, dünne, grüne Bohnen
4 cl Öl
200 g Butter
2 Karotten
1 Zwiebel
2 Knoblauchzehen
2 dl Weißwein
3 dl Geflügelfond
1 dl Crème fraîche
Salz, Pfeffer

Den Backofen auf 200 °C vorheizen.
Die Karotten schälen und waschen. Die Zwiebeln und den Knoblauch schälen. Die Karotten, die kleinere Zwiebel und den Knoblauch in Würfel schneiden.
Das küchenfertige Perlhuhn kalt waschen und mit Küchenkrepp abtrocknen. Das Perlhuhn innen und außen salzen und pfeffern.
Die Petersilie waschen und trocken tupfen. Das Perlhuhn mit der großen Zwiebel und 4–5 Stängeln Petersilie füllen.
In einem Bräter das Olivenöl und 60 g Butter erhitzen und das Perlhuhn darin anbraten, dabei öfter wenden. Karotten-, Zwiebel- und Knoblauchwürfel dazugeben und das Perlhuhn 40 Minuten im Ofen garen. Das Perlhuhn aus dem Bräter nehmen, tranchieren und warm stellen.
Die Blätter der Petersilie von den Stängeln zupfen und kurz in ungesalzenem Wasser blanchieren. Zum Abtropfen auf ein Sieb geben. Mit etwas Wasser vermengen.
Das Perlhuhn herausnehmen und warm stellen.
Den Bratensatz mit Weißwein ablöschen und etwas einkochen lassen. Den Geflügelfond dazugießen, Crème fraîche einrühren. Die Sauce sämig einkochen lassen und durch ein feines Sieb in einen Topf passieren.
Die Petersilie unter die Soße ziehen und 100 g Butter einrühren. Mit Salz und Pfeffer abschmecken.
Die Bohnen putzen und waschen. In Salzwasser etwa 5 Minuten blanchieren, sie sollten noch bissfest sein, herausnehmen und eiskalt abschrecken.
40 g Butter in einem Topf zerlassen, die Bohnen dazugeben, kurz durchschwenken und mit Salz und Pfeffer abschmecken.
Jeweils ein Stück von der Perlhuhnkeule und ein Stück von der Perlhuhnbrust mit den Bohnen auf vorgewärmten Tellern anrichten, mit der Petersiliensauce umgießen und servieren.

Perlehøne med haricots verts og persillesauce

4 personer

1 perlehøne, 2 kg
1 stor løg
2 bundte bredbladet persille
500 g haricots verts (fine, tynde, grønne bønner)
4 cl olie
200 g smør
2 gulerødder
1 løg
2 fed hvidløg
2 dl hvidvin
3 dl fjerkræfond
1 dl crème fraîche
salt, peber

Tænd ovnen og indstil den på 200°.
Skræl og vask gulerødderne. Skræl løg og hvidløg. Skær gulerødder, det mindre løg og hvidløg i terninger.
Vask perlehønen under koldt vand. Tør den med køkkenrullen.
Gnid perlehønen indvendig og udvendig med salt og peber.
Skyl persillen og dup den tørt. Læg det store løg og 4–5 kviste persille i perlehønen.
Varm olivenolie og 60 g smør op i en kasserolle. Brun perlehønen heri ved kraftig varme.
Tilsæt gulerødder, løg og hvidløg. Sæt gryden i ovnen 40 minutter.
Tag perlehønen op. Skær lårene af. Del dem i 4 stykker i ledet.
Skær vingerne af. Skær ned midt igennem brystkødet. Løs det fra brystbenet med skråt snit. Skær det i stykker på tværs. Hold kødet varmt.
Nip bladene af persillen. Blanchér dem kort i usaltet vand. Hæld dem til afdrypning.
Kom persilleblade med lidt koldt vand i blenderglasset. Blend til pureen er passende i konsistens.
Hæld hvidvin i kasserollen og lad saucen koge ind. Tilsæt fjerkræfond og crème fraîche. Lad saucen koge ind til en passende konsistens. Sigt saucen og rør persillepureen i. Tilsæt 100 g smør. Smag saucen til med salt og peber.
Skær spids og stilk af bønnerne. Skyl bønnerne godt. Kog dem i velsaltet vand cirka 10 minutter. De skal nærmest være „al dente" og ikke koge for længe. Hæld vandet fra og damp bønnerne tørre over varmen. Tilsæt 40 g smør. Drys med salt og peber.
Anret et stykke lår og et stykke brystkød sammen med bønnerne på en forvarmet tallerken. Krans retten med persillesauce.

In Silvaner geschmortes Perlhuhn

4 Personen

Zutaten

1 Perlhuhn, 1,3 kg
2 Knoblauchzehen
2 Zweige Thymian
1 Lorbeerblatt
4 Wacholderbeeren
300 g grobes Meersalz
100 g Butter
0,5 l Elsässer Silvaner
0,25 l Geflügelfond
0,25 l Sahne
200 g Erbsen
16 Minikarotten
12 Frühlingszwiebeln
4 Minizucchini
etwas Zitronensaft
Salz, Pfeffer
1 Bund Schnittlauch

Am Vortag beginnen!

Knoblauch schälen. Thymian waschen und trocken tupfen. Knoblauch und Thymian fein hacken.
Lorbeerblatt und Wacholderbeeren im Mörser zerstoßen. Alle Gewürze mit dem Meersalz gut vermischen. Das küchenfertige Perlhuhn kalt waschen und mit Küchenkrepp abtrocknen. In eine flache Schüssel legen, innen und außen mit dem Salz gut einreiben und über Nacht im Kühlschrank ziehen lassen.

Am nächsten Tag:

Das Perlhuhn aus der Schüssel nehmen und 1 Stunde in kaltes Wasser legen.
Das Perlhuhn aus der Schüssel nehmen, mit Küchenkrepp abtupfen und in 4 Teile zerlegen (2 Keulen und 2 Perlhuhnbrüste).
70 g Butter in einem Bräter erhitzen und die Perlhuhnteile darin anbraten, dabei öfter wenden.
Mit Weißwein und Geflügelfond ablöschen. Etwa 15 Minuten köcheln lassen. Die Sahne dazugießen und etwa 25 Minuten sämig einkochen lassen.
Das Fleisch aus dem Bräter nehmen, in eine Schüssel legen und warm stellen.

Den Schnittlauch waschen, trocken tupfen und fein schneiden. Frühlingszwiebeln putzen, das Grün entfernen, Karotten schälen, Zucchini waschen. Das Gemüse mit den Erbsen in einem geschlossenen Topf mit etwas Wasser und 30 g Butter bissfest dünsten, mit Salz und Pfeffer würzen.
Die Sauce in einen Topf passieren, mit Salz, Pfeffer und Zitronensaft würzen und noch einmal aufköcheln lassen.
Das Gemüse auf vorgewärmten Tellern anrichten, das Fleisch darauf platzieren. Mit der Sauce umgießen und mit Schnittlauchröllchen bestreut servieren.

Letsaltet perlehøne i sylvaner

4 personer

1 perlehøne, 1,3 kg
2 fed hakket hvidløg
2 kviste timian
1 knust laurbærblad
4 knuste enebær
300 g havsalt
100 g smør
0,5 l sylvaner fra Alsace
0,25 l fjerkræfond
0,25 l piskefløde
200 g ærter
16 små gulerødder
12 forårsløg
4 små courgetter
lidt citronsaft
salt, peber
1 bundt klippet purløg

Gå i gang med retten dagen før!
Bland hvidløg, timianblade, laurbær, enebær og havsalt.
Gør perlehønen i stand. Læg den i en flad skål.
Gnid den indvendig og udvendig med krydderblandingen.
Stil perlehønen i køleskabet natten over.

Næste dag:
Tag perlehønen op og læg den i rigeligt koldt vand i 1 time.
Tag den op og tør den med køkkenrullen. Del perlehønen i 4 stykker (2 lår og 2 bryster).
Brun 70 g smør i en stegegryde. Brun perlehønestykkerne på alle sider.
Hæld hvidvin og hønsefond ved. Kog det 15 minutter. Tilsæt piskefløde. Dæmp varmen. Småkog perlehønen yderligere cirka 25 minutter.
Tag kødstykkerne op når de er møre. Læg dem i et fad og hold dem varme.
Damp grøntsagerne under låg i 30 g smør og lidt vand. De skal nærmest være „al dente" og ikke koge for længe. Krydr med salt og peber.
Lad saucen koge ind til en passende konsistens. Sigt saucen og smag den til med salt, peber og lidt citronsaft.
Fordel grøntsagerne på forvarmede tallerkener, læg kødet i midten.
Krans retten med sauce.
Drys purløg over.

Perlhuhn mit gerösteten Pinienkernen und Portweinsauce

4 Personen

Zutaten

1 großes Perlhuhn, 1,5 kg
1 Zitrone
Saft von 1 Zitrone
2 Knoblauchzehen
1 EL Thymian
50 g Butter
20 g Öl
Salz und Pfeffer
2 kleine Wirsingkohl
250 g Schwarzwurzeln
0,25 l Milch
100 g grüne kernlose Weintrauben
100 g geröstete Pinienkerne
2 dl Weißwein
2 dl Geflügelfond
4 dl roter Portwein
200 g Sahne
Salz, Pfeffer

Den Backofen auf 200 °C vorheizen.
Das küchenfertige Perlhuhn kalt waschen und mit Küchenkrepp abtrocknen.
Knoblauch schälen. 1 Zitrone in Scheiben schneiden. Das Perlhuhn mit den Zitronenscheiben, Knoblauch und Thymian füllen, salzen und pfeffern.
In einem Bräter zuerst das Olivenöl, dann 20 g Butter erhitzen und das Perlhuhn von beiden Seiten anbraten. Das Huhn 40 Minuten im Backofen braten, herausnehmen, in 8 Stücke teilen und warm stellen.
Den Wirsingkohl waschen und in grobe Stücke schneiden.
Kurz in Salzwasser blanchieren und abtropfen lassen.

Die Schwarzwurzeln schälen und waschen. Die Milch mit dem Saft einer Zitrone und etwas Salz zum Kochen bringen. Die Schwarzwurzeln darin bissfest garen, abgießen und in Scheiben schneiden.
Die Weintrauben waschen und halbieren.
Unmittelbar vor dem Servieren 30 g Butter in einem Topf schmelzen und den Kohl, die Weintrauben und die Schwarzwurzeln kurz in der Butter schwenken. Unmittelbar vor dem Anrichten mit Salz und Pfeffer würzen.
Den Weißwein in einen Topf gießen und zur Hälfte einkochen lassen. Den Geflügelfond und den Portwein dazugießen und nochmals zur Hälfte einkochen lassen. Die Sahne in die Sauce rühren, bei geringer Hitze sämig einkochen lassen, durch ein Sieb streichen und mit Salz und Pfeffer abschmecken.
Das Perlhuhn auf dem Gemüse auf einer vorgewärmten Platte anrichten, mit Sauce umgießen und mit gerösteten Pinienkernen bestreut servieren.

Helstegt perlehøne med ristede pinjekerner og portvinssauce

4 personer

1 perlehøne, 1,5 kg
1 citron
saften fra 1 citron
2 fed hvidløg
1 spsk hakket timian
50 g smør
20 g olie
2 små savoykål
250 g skorzonerødder
0,25 l sødmælk
100 g grønne vindruer uden kerner
100 g ristede pinjekerner
2 dl hvidvin
2 dl fjerkræfond
4 dl rød portvin
200 g piskefløde
salt, peber

Tænd ovnen og indstil den på 200°.
Gør perlehønen i stand.
Skræl hvidløg. Skær 1 citron i skiver. Læg citronskiverne sammen med timian og hvidløg i perlehønen. Gnid perlehønen med salt og peber.
Brun først olivenolie og så 20 g smør i en kasserolle.
Brun perlehønen på alle sider. Sæt kasserollen i ovnen i cirka 40 minutter.
Tag perlehønen op. Skær den i 8 stykker. Læg perlehønestykkerne tilbage i kasserollen og hold dem varme.
Vask savoykålen og skær den i grove stykker. Blancher dem kort i velsaltet vand. Hæld kålen til afdrypning.
Skræl skorzonerødderne. Kog dem i mælk, citronsaft og lidt salt. De skal være „al dente" og ikke koge for længe. Hæld mælken fra og skær skorzonerødderne i skiver.
Vask og halver vindruerne.
Smelt 30 g smør i en gryde. Sauter savoykål, skorzonerødder og vindruer i 30 g smør i en gryde. Krydr med salt og peber lige inden serveringen.
Hæld hvidvin i en gryde og lad den koge ind til det halve ved stærk varme. Tilsæt hønsefond og portvin. Kog saucen ind til det halve.
Tilsæt fløde og lad saucen koge ind til en passende konsistens. Sigt saucen og smag den til med salt og peber.
Anret grøntsagerne på et forvarmet fad, placer kødet oven på.
Krans retten med sauce og drys med ristede pinjekerner.

Reistopf mit Putenfleisch und Tunfisch

4 Personen

Zutaten

300 g Putenbrustfilet
300 g frischer Tunfisch
0,5 dl Pinienkernöl
2 rote Chilischoten
Salz und Pfeffer

Reis

100 g Wildreis
1 Zwiebel
150 g weißer Reis
1 Nelke
2 ganze Kardamom
2 Lorbeerblätter
1 Zimtstange
1 dl Olivenöl
grobes Salz

Sauce

2 rote Paprikaschoten
2 Schalotten
500 g frische Miesmuscheln
3 dl Kokosmilch
Saft von 1 Limette
Salz und Pfeffer

Die Chilischoten halbieren, Kerne entfernen und die Schoten fein hacken.
Putenfleisch und Tunfisch waschen, trocken tupfen und in 3 x 3 cm große Würfel schneiden. Pinienkernöl in einem Wok erhitzen. Das Putenfleisch von allen Seiten scharf anbraten, herausnehmen. Den Tunfisch in den sehr heißen Wok geben, von beiden Seiten kurz scharf anbraten und herausnehmen. Der Fisch bleibt innen roh. Putenfleisch und Tunfisch mit etwas gehackter Chilischote bestreuen, salzen und pfeffern.
2 dl Wasser und $1/2$ TL Salz zum Kochen bringen. Den Wildreis ins kochende Wasser geben, einmal aufkochen lassen und umrühren. Den Topf schließen und den Herd auf kleinste Wärmestufe zurückschalten. Den Reis etwa 20 Minuten ausquellen lassen. Mit einer Gabel auflockern. Die Zwiebel schälen, in kleine Würfel schneiden und in einem Topf in heißem Öl anbraten. Weißen Reis, Nelke, Kardamom, Lorbeer und Zimt einrühren. Heißes Wasser und Salz dazugeben. Die Zutaten müssen vom Wasser bedeckt sein. Alles aufkochen, den Topf schließen und bei kleinster Wärmestufe in 20 Minuten ausquellen lassen. Mit einer Gabel auflockern. Gewürze entfernen.
Die Paprikaschoten und die geschälten Schalotten in Würfel schneiden und in einem Topf ohne Zugabe von Fett kurz anbräunen.
Die Muscheln gründlich waschen und mit der Kokosmilch in den Topf geben. Bei milder Hitze 10 Minuten köcheln lassen. Mit Chili, Salz, Pfeffer und Limettensaft abschmecken.
Fleisch, Fisch, Reis, Muscheln und Soße in einer großen vorgewärmten Schüssel vorsichtig mischen und servieren.

Risgryde med kalkun og tun

4 personer

300 g kalkunfilet
300 g tun
0,5 dl pinjekerneolie
2 udkernede fintsnittede røde chilier
salt, peber

Ris

50 g vilde ris
vand
1 finthakket løg
50 g hvide ris
1 nellike
1 hel kardemomme
2 laurbærblade
1 stang kanel
1 dl olivenolie
1 tsk groft salt

Sauce

2 røde peberfrugter
2 hakkede skalotteløg
500 g friske skyllede muslinger
3 dl kokosmælk
saften af 1 lime
salt, peber

Vask kalkunfilet og tunfisk. Tør det med køkkenrullen. Skær det i terninger à 3 cm x 3 cm.
Varm pinjekerneolie i en wok. Brun kalkunkødet ved høj varme på alle sider. Tag det op.
Brun tunkødet på alle sider, det må ikke være gennemstegt.
Tag det op. Krydr begge slags kød med lidt chili, salt og peber.
Hæld 1,5 dl vand og 1/2 tsk salt i en gryde. Bring det i kog.
Drys den vilde ris i vandet. Bring risene i kog. Rør rundt. Læg et tætsluttende låg på gryden. Dæmp varmen og kog risene 20 minutter ved meget svag varme. Tag låget af, rør med gaffel.
Varm olie i en gryde. Svis løgene til de er gyldne. Tilsæt hvide ris, nelliken, kardemomme, laurbærblade og kanel. Hæld kogende vand ved, tilsæt salt. Risene skal være dækket af vandet. Læg et tætsluttende låg på gryden. Dæmp varmen og kog risene 20 minutter. Tag låget af, rør med gaffel. Fjern krydderierne. Skær peberfrugter i terninger. Tørrist dem sammen med skalotteløg i en gryde. Tilsæt muslingerne.
Hæld kokosmælk ved. Småkog muslingerne 10 minutter. Tilsæt chili. Smag til med salt, peber og limesaft.
Bland kalkunkød, tunfisk, ris, muslinger og sauce forsigtigt i en forvarmet stor skål. Servér retten i skålen.

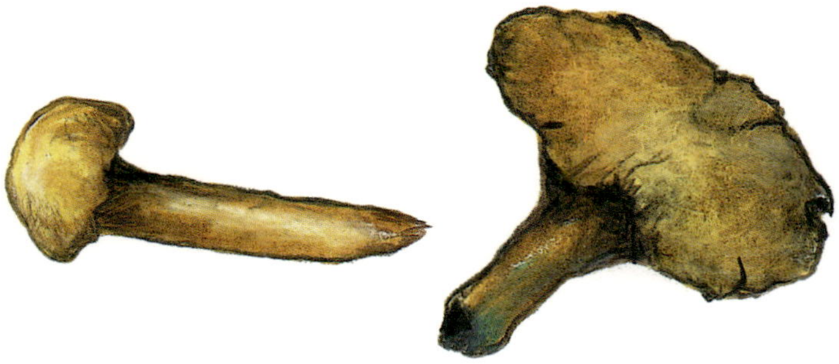

Pute à la Mexiko

8 Personen

Zutaten

1 Pute, 3–4 kg
100 g Mandeln
50 g Zwiebeln
250 g gehäutete, entkernte Tomaten
50 g Rosinen
50 g gerösteter Sesam
1/2 TL Anis
1/2 Kaffeelöffel Zimt
1/2 Kaffeelöffel Koriander
2 Nelken
6 schwarze Pfefferkörner
30 g Chilipüree (Sambal Oelek)
7,5 dl Geflügelfond
50 g Bitterschokolade, 70 % Kakaoanteil
80 g Schweinefett

Die Pute in 8 Teile zerlegen.
In kochendes Salzwasser legen. Bei milder Hitze etwa 1 Stunde vorkochen.
Die Schokolade zerbröckeln. Mandeln, Zwiebeln, Tomaten, Rosinen, 25 g Sesam, Anis, Zimt, Nelken, Koriander und Pfefferkörner im Mixer pürieren.
Das Püree in einen Topf geben, Chilipüree, Geflügelfond und Schokolade hinzufügen und alles zu einer glatten Sauce verrühren.
Die Sauce zur Hälfte einkochen lassen.
Die Geflügelstücke aus dem Topf nehmen und trocken tupfen.
In heißem Schweinefett von beiden Seiten bräunen, die Sauce dazugießen und 30 Minuten schmoren.
Das Gericht mit Sesam bestreuen und im Schmortopf servieren.

Kalkun à la Mexico

8 personer

1 kalkun, 3–4 kg
100 g mandler
50 g løg
250 g flåede tomater uden kerner
50 g rosiner
50 g ristede sesamfrø
1/2 tsk anisfrø
1/2 kaffeske kanel
1/2 kaffeske koriander
2 nelliker
6 sorte peberkorn
30 g rød chilipuré
7,5 dl fjerkræfond
50 g mørk chokolade, 70 % kakao
80 g svinefedt

Bring vand i kog. Tilsæt salt.
Skær kalkunen i 8 stykker.
Læg kalkunstykkerne i gryden. Dæk gryden med låg og dæmp varmen. Lad retten småsnurre i 1 time. Bræk chokoladen i stykker.
Kom mandler, løg, tomater, rosiner, 25 g sesam, anis, kanel, nellike, koriander og peberkorn i en blender. Blend til pureen er passende i konsistens.
Kom pureen i en gryde. Tilsæt piment, fjerkræfond og chokolade.
Varm det op under konstant omrøring.
Lad saucen koge ind til det halve. Tag kødet op. Tør det med køkkenrullen.
Varm svinefedt op i en kasserolle. Brun kalkunstykkerne på alle sider. Dæmp varmen. Hæld saucen i kasserollen. Lad retten småkoge i 30 minutter.
Servér retten i kasserollen. Drys med sesamfrø.

Geschmorte Taube mit Gemüse des Sommers

4 Personen

Zutaten

4 Tauben
40 g Butter
40 g eiskalte Butter
16 Perlzwiebeln
16 Minikarotten
5 dl Geflügelfond
200 g kleine neue Kartoffeln
200 g junge Erbsen
1 EL gehackte Petersilie
Salz, Pfeffer

Die Karotten schälen und waschen. Die Kartoffeln waschen und schrubben. Die Erbsen in kochendem Salzwasser blanchieren und zum Abtropfen auf ein Sieb geben.
Die küchenfertigen Tauben kalt abspülen und mit Küchenkrepp abtrocknen.
Die Butter in einen Schmortopf geben und erhitzen. Die Tauben darin von allen Seiten anbraten.
Die Perlzwiebeln dazugeben. Den Topf schließen und bei niedriger Hitze weitere 7 Minuten köcheln lassen. Den Geflügelfond dazugießen. Die Karotten und die Kartoffeln in den Topf geben. Zum Kochen bringen, den Topf schließen und die Tauben bei mittlerer Hitze etwa 25 Minuten gar schmoren.
Mit Salz und Pfeffer abschmecken. Die eiskalte Butter einrühren. Die Erbsen und die Petersilie dazugeben.
Das Gericht im Schmortopf servieren.

Stegt due med sommerens grøntsager

4 personer

4 duer
40 g smør
40 g iskoldt smør
16 perleløg
16 små gulerødder
5 dl fjerkræfond
200 g små nye kartofler
200 g friskbælgede ærter
1 spsk hakket persille
salt, peber

Skræl gulerødderne. Skrab kartoflerne. Blanchér ærterne i velsaltet vand. Hæld dem til afdrypning.
Skyl duerne under rindende koldt vand. Tør dem med køkkenrullen. Brun 40 g smør i en stegegrye til det er gyldent. Brun duerne først på den ene side, så på den anden. Dæmp varmen. Tilsæt perleløg. Læg låg på. Steg duerne i 7 minutter. Hæld fjerkræfond ved. Tilsæt gulerødder og kartofler. Læg låg på. Videresteg duerne ved svag varme i cirka 25 minutter.
Smag retten til med salt og peber. Tilsæt det iskolde smør lidt efter lidt. Kom ærter og persille i.
Servér retten i gryden.

2005

Gebratene Taube mit Minze

4 Personen

Zutaten

4 Tauben
Innereien: Herz und Leber
4 Salbeiblätter
6 Minzeblätter
4 Wacholderbeeren
etwas Zimt
4 Scheiben fetter Speck (6 cm x 4 cm)
20 g Butter
0,5 dl Rotwein
4 dl Weißwein
2 dl Crème fraîche
Salz, Pfeffer

Den Backofen auf 200 °C vorheizen.
Die Salbei- und Minzeblätter waschen, trocken tupfen und fein hacken.
Die gerupften und ausgenommenen Tauben kalt abspülen und mit Küchenkrepp abtrocknen.
Herz und Leber fein hacken. Mit Salbei, Minze, Wacholderbeeren, Zimt, Salz und Pfeffer in einer Schüssel gut vermengen. Die Farce in das Innere der Tauben füllen. Die dünn geschnittenen Speckscheiben um die Brust der Tauben binden.
Die Butter in einem Schmortopf erhitzen. Die Tauben darin von allen Seiten anbraten. Rotwein und Weißwein dazugießen und den Topf schließen. Die Tauben 25 Minuten im Backofen gar schmoren.
Tauben herausnehmen und warm stellen.
Die Sauce zur Hälfte einkochen lassen. Crème fraîche einrühren und sämig einkochen lassen.
Die Tauben auf vorgewärmten Tellern anrichten, mit der Sauce umgießen und servieren. Dazu passen feine Erbsen.

Stegt due med mynte

4 personer

4 duer
indmad: hjerte og lever
4 finthakkede salvieblade
6 finthakkede mynteblade
4 enebærkorn
lidt kanel
4 skiver hvid spæk (6 cm x 4 cm)
20 g smør
0,5 dl rødvin
4 dl hvidvin
2 dl crème fraîche
salt, peber

Tænd ovnen og indstil den på 200°.
Gør duerne i stand. Skær indmad i små terninger.
Bland indmad med salvie, mynte, enebær, kanel, salt og peber.
Fyld farsen i duerne. Læg en skive spæk på hver due. Fastgør den med køkkengarn.
Brun smørret til det er gyldent i en stegegryde. Brun duerne på alle sider.
Hæld hvidvin og rødvin ved. Læg låg på. Sæt duerne i ovnen. Steg dem i 25 minutter.
Tag duerne op og hold dem varme.
Lad saucen koge ind til det halve. Tilsæt crème fraîche og lad saucen koge ind til en passende konsistens. Anret duerne på forvarmede tallerkener. Krans duerne med sauce. Serveres med fine ærter.

Gebratene Taube mit Morcheln

4 Personen

Zutaten

4 Tauben
100 g getrocknete Morcheln
16 getrocknete Tomaten in Öl
1 dl Öl
200 g Butter, davon 100 g eisgekühlt
1 Karotte
1 große Zwiebel
1/2 Stange Porree
2 Stangen Staudensellerie
2 dl Weißwein
3 dl Geflügelfond
2 Schalotten
2 dl Crème fraîche
Salz, Pfeffer

Den Backofen auf 200 °C vorheizen.
Die Morcheln 30 Minuten in kaltem Wasser einweichen. In Stücke schneiden und dreimal gründlich waschen. Zum Abtropfen auf ein Sieb geben.
Karotte schälen und waschen, Zwiebel schälen, Porree und Staudensellerie putzen und waschen.
Das Gemüse grob zerteilen.
Die Tauben unter kaltem Wasser abspülen und mit Küchenkrepp abtrocknen. Mit Salz und Pfeffer einreiben.
Das Öl und 50 g Butter in einem Schmortopf erhitzen. Die Tauben darin von allen Seiten anbraten und 7 Minuten im Backofen braten.
Das Gemüse dazugeben. Die Tauben in weiteren 15 Minuten garen, herausnehmen und warm stellen.
Das Fett abgießen. Den Bratensaft mit dem Weißwein ablösen und einkochen lassen. Den Geflügelfond dazugießen und zur Hälfte einkochen lassen.
Die Sauce in einen Topf passieren und mit Salz und Pfeffer abschmecken.
100 g eiskalte Butter in kleinen Stückchen darunter rühren.
Die Morcheln grob zerkleinern. Schalotten schälen, in feine Würfel schneiden und in 50 g Butter glasig dünsten. Die Morcheln dazugeben, mit Salz und Pfeffer würzen. Crème fraîche einrühren und die Pilze bei milder Hitze etwa 15 Minuten garen.
Die Tomaten in etwas Öl erwärmen.
Die Tauben in 4 Teile schneiden.
Die Tauben auf den Morcheln in tiefen, vorgewärmten Tellern anrichten, mit den Tomaten umlegen und mit der Sauce überziehen.
Mit grobem Salz und gemörstem Pfeffer bestreuen.

Stegt due med syltede tomater og morkler

4 personer

4 duer
100 g tørrede morkler
16 soltørrede tomater i olie
1 dl olie
100 g smør
100 g iskoldt smør
1 gulerod
1 stor løg
1/2 porre
2 stængler bladselleri
2 dl hvidvin
3 dl fjerkræfond
2 hakkede skalotteløg
2 dl crème fraîche
salt, peber

Tænd ovnen og indstil den på 200°.
Opblød morklerne i koldt vand 30 minutter. Skær dem i stykker og vask dem omhyggeligt 3 gange.
Hæld dem til afdrypning i en sigte.
Gør gulerod, løg, porre og selleri i stand. Skær grøntsagerne i terninger.
Vask duerne under rindende vand. Tør dem med køkkenrullen.
Gnid duerne med salt og peber.
Hæld olie i en stegegryde. Tilsæt 50 g smør. Brun duerne.
Sæt gryden i ovnen og steg duerne i 7 minutter.
Læg grøntsagerne ned mellem kødet. Viderestег duerne i ca. 15 minutter.
Tag duerne op og hold dem varme.
Hæld fedtet fra. Hæld hvidvin ved. Lad den koge ind. Tilsæt fjerkræfond og lad det koge ind til det halve. Sigt saucen. Hæld saucen i en gryde. Smag til med salt og peber. Tilsæt det kolde smør i små portioner.
Damp skalotteløg i 50 g smør. Tilsæt morkler, salt og peber.
Pisk crème fraîche i. Småkog saucen 15 minutter.
Varm tomaterne i lidt olie.
Skær duerne i kvarte.
Læg morklerne i forvarmede dybe tallerkener. Placer duestykkerne på morklerne, kranset med tomater.
Hæld lidt sauce over duestykkerne. Drys med groft salt og knust peber.

Entenbrust mit Ofenkartoffeln und Knoblauchbutter-Sauce

4 Personen

Zutaten

2 Entenbrüste à 400 g
4 große Kartoffeln
30 g Butter
1 l Entenfond
2 dl Crème fraîche 38 %
etwas Thymian
etwas Muskat
5 cl Sojasauce
3 g Kartoffelmehl
1 dl Weißwein
Salz, Pfeffer

Knoblauchbutter

100 g weiche Butter
1 TL warmes Wasser
20 g fein gehackte Schalotten
1 EL fein gehackter Estragon
1 EL fein gehackte Petersilie
10 g fein gehackter Knoblauch
Salz, Pfeffer

Die Butter cremig rühren. Das Wasser tropfenweise dazugeben. Mit Schalotten, Estragon, Petersilie, Knoblauch, Salz und Pfeffer mischen und kalt stellen.

Den Backofen auf 160 °C vorheizen.
Die Kartoffeln schälen, waschen und in grobe Würfel schneiden.
Die Kartoffeln in einer Pfanne mit 30 g Butter goldbraun braten.
7,5 dl Entenfond dazugießen. Mit Salz, Pfeffer, Muskat und Thymian würzen. Die Sojasauce dazugießen. Die Pfanne vom Herd nehmen.
Das Kartoffelmehl mit etwas kaltem Wasser glatt rühren und die Sauce damit binden. Die Kartoffeln im Backofen 20 Minuten garen.
Die Entenbrüste mit Küchenkrepp trocken tupfen. Die Fetthaut der Entenbrüste vorsichtig mit einem scharfen Messer einschneiden.
Die Entenbrüste mit der Fettschicht nach unten in eine heiße Pfanne legen. Etwa 10 Minuten braten. Wenden und noch weitere 5 Minuten braten.
Die Entenbrüste aus der Pfanne nehmen, salzen, pfeffern und warm stellen. Das Fett abgießen.
Den Weißwein in der Pfanne vollständig einkochen lassen. Mit 2,5 dl Entenfond ablöschen und etwas einkochen lassen. Die Knoblauchbutter in kleine Würfel teilen. Mit einem Schneebesen rasch einrühren. Die Sauce mit Salz und Pfeffer abschmecken.
Die Entenbrüste schräg in Scheiben schneiden.
Die Kartoffeln auf vorgewärmte Teller verteilen. Die Scheiben der Entenbrust auf den Kartoffeln anrichten und mit der Sauce umkränzt servieren.

Andebryst med ovbagte kartofler og hvidløgssmørsauce

4 personer

2 andebryster à 400 g
4 store kartofler
30 g smør
1 l andefond
2 dl crème fraîche 38 %
lidt timian
lidt muskat
5 cl sojasauce
3 g kartoffelmel
1 dl hvidvin
salt, peber

Hvidløgssmør

100 g blødt smør
1 tsk varmt vand
20 g finthakket skalotteløg
1 spsk finthakket esdragon
1 spsk finthakket persille
10 g finthakket hvidløg
salt, peber

Rør smørret. Tilsæt vandet dråbevis. Rør til smørret er crèmeagtig i konsistens.
Tilsæt skalotteløg, esdragon, persille, hvidløg, salt og peber. Sæt det koldt.

Tænd ovnen og indstil den på 160°.
Skræl og vask kartoflerne. Skær dem i store terninger.
Rist kartoflerne i 30 g smør på en pande.
Hæld 7,5 dl andefond ved. Krydr med salt, peber, muskat og timian.
Tilsæt sojasauce. Rør kartoffelmel sammen med lidt koldt vand.
Tag panden af varmen og pisk jævningen i. Sæt panden i ovnen i 20 minutter.
Tør andebrysterne med køkkenrullen. Rids skindet med en skarp kniv.
Brun andebrysterne på skindsiden på en varm pande i cirka 10 minutter. Vend dem om og steg dem på den anden side i 5 minutter. Drys med salt og peber.
Tag andebrysterne op og hold dem varme.
Hæld fedtet fra. Hæld hvidvin i panden. Lad den koge helt ind.
Tilsæt 2,5 dl andefond og crème fraîche. Kog det lidt ind. Tilsæt hvidløgssmør i små portioner. Smag saucen til med salt og peber.
Skær andebrysterne i pæne skiver.
Anret kartoflerne på forvarmede tallerkener. Læg andebrystskiverne oven på. Krans retten med sauce.

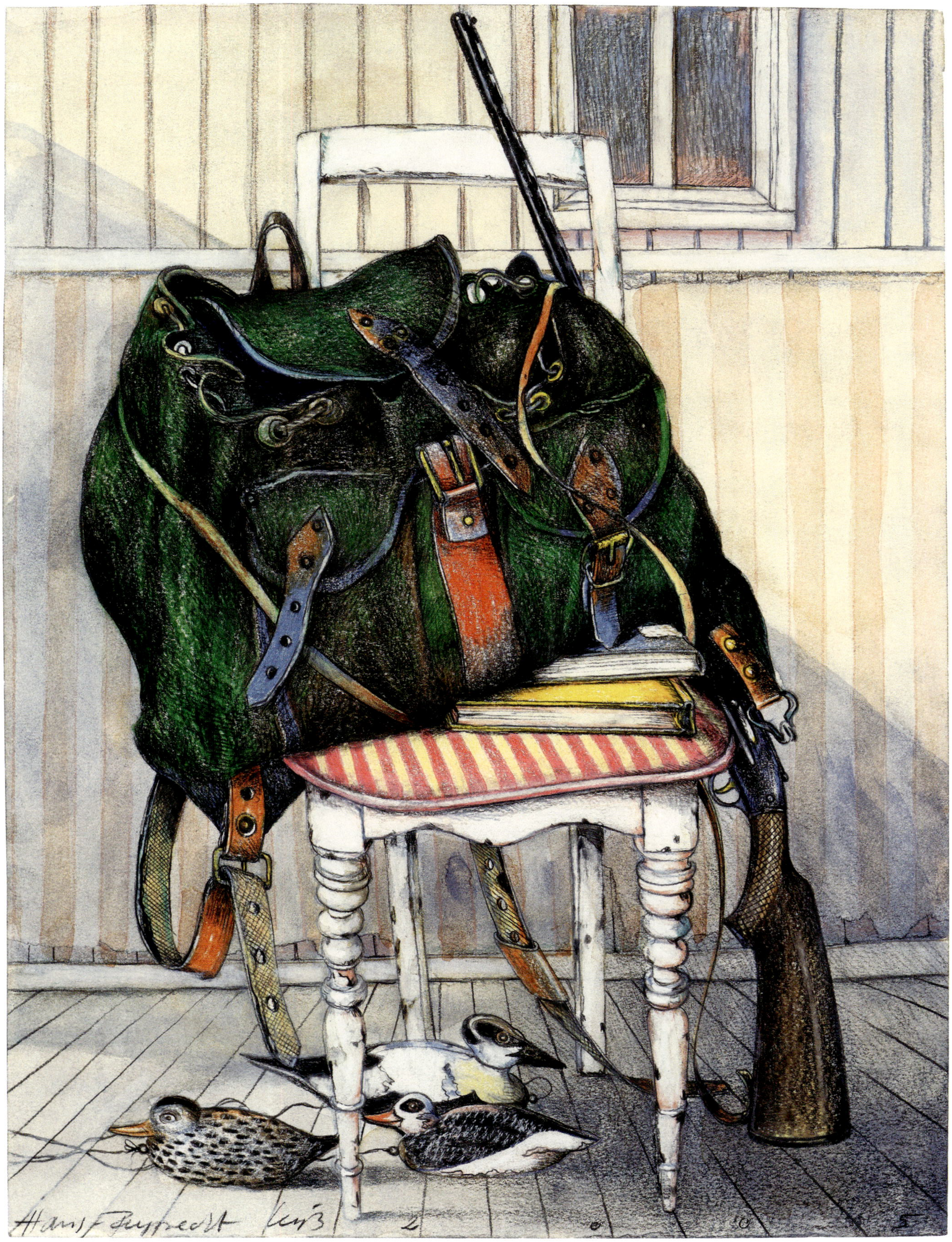

Hans-Ruprecht Leiß

Hans-Ruprecht Leiß hat sein ganzes Leben mit beiden Füßen im Salzwasser verbracht, mit einem Zeichenstift hinter dem Ohr. So ungefähr die erste Hälfte im Ebbe- und Flutbereich der Nordsee, die bislang zweite an der Ostseeküste in Flensburg. 1954 ließ ihn ein freundliches Schicksal in der zauberhaften, gar nicht so grauen, kleinen nordfriesischen Hafenstadt Husum zur Weit kommen. Dort verlebte er eine ziemlich unbeschwerte Kindheit zwischen Krabben, Plattfischen, Heringen und Husumern. Einige für sein weiteres Dasein mitentscheidende Jahre verbrachte er mit dem Besuch des ehrwürdigen, uralten Hermann-Tast-Gymnasiums. Diese Sturm-und-Drang-Zeit endete 1975 mit dem Abitur. Der meerwassersüchtige Zeichner beschloss, seinem Element treu zu bleiben, und zog 1977 nach Flensburg, um dort an der Pädagogischen Hochschule das Lehramt für die Kunsterziehung an Realschulen zu erlernen. In den Jahren 1981 und 1985 bestand er die erforderlichen Examina, doch der Lehrerberuf konnte nur Zwischenstation sein. Die Lust zu zeichnen und zu malen war die weitaus stärkere Energie. Also verabschiedete er sich im selben Jahr von Lehramt und gesicherter Existenz, um freischaffender Künstler zu werden. Dem Seewasser ist er bis heute treu geblieben und lebt mit seiner Familie in der schönen alten Hafenstadt Flensburg, an der nach ihr benannten Förde.

Hans-Ruprecht Leiß har tilbragt hele sit liv med fødderne i saltvandet og en blyant bag ved øret. Den første halvdel af sit liv ved Vesterhavet, hvor ebbe og flod præger dagligdagen, den anden halvdel i Flensborg, ved Østersøens kyst. I 1954 lod en venlig skæbne ham komme til verden i den fortryllende og slet ikke så grå, lille nordfrisiske havneby Husum. Der tilbragte han en temmelig ubesværet barndom mellem rejer, fladfisk, sild og Husumere. Nogle prægende år oplevede han, da han gik på det ærværdige, ældgamle Hermann-Tast-Gymnasium. Denne „Sturm-und-Drang-Zeit" endte i 1975 med studentereksamen. Kunstneren, som i den grad elskede saltwandet, besluttede at blive sit element tro og flyttede i 1977 til Flensborg, for at læse til lærer med billedkunst som hovedfag. I 1981 og 1985 tog han de to afgørende eksaminer, men lærerkaldet endte med at blive en mellemstation. Lysten til at tegne og male havde en stærkere tiltrækningskraft. Derfor tog han samme år afsked med lærer-embedet og en sikker eksistens, for at blive free-lance kunstner. Indtil i dag er han forblevet søvandet tro og lever sammen med sin familie i den dejlige, gamle havneby Flensborg ved den smukke Flensborg Fjord.

Christian Bind

Schon als kleines Kind genoss ich es, meiner Mutter beim Hantieren mit Kochtöpfen in unserer Küche in Frankreich zuzuschauen. Als ich dann größer wurde, durfte ich beim Zubereiten des Essens helfen. Damals – wie auch jetzt – bauten wir fast alles selber an. Mein Vater bewirtschaftete unsere großen Weinfelder und stellte auch selbst den Wein her. Wir züchteten unsere eigenen Kräuter, Gemüse, Geflügel, Kaninchen und Tauben. Mein großes Interesse am Kochen bewirkte, dass ich eine Kochlehre bei den Brüdern Haeberlin im Elsaß antrat. Nach vier Jahren Lehrzeit ging ich ein Jahr zu „Charles Barrier" in Tours. Danach absolvierte ich meinen Wehrdienst als privater Koch bei einem General. Sodann packte mich die Reiselust. Mein erstes Ziel hieß „Falsled Kro" auf Fünen in Dänemark. Nach einem Jahr wollte ich eigentlich weiterziehen, doch dann lernte ich meine Frau Pia kennen, die Rezeptionistin im „Falsled Kro" war. Das Resultat war, dass wir weitere 12 Jahre dort blieben. In dieser Periode reiste ich oft nach Frankreich und arbeitete u.a. bei den Brüdern Troigros i Roanne, bei Alain Chapel in Minoay und bei Jöel Robuchon in Paris. Im Jahre 1989 eröffnete ich das Restaurant „Chez Paul" in Flensburg. Bereits im ersten Jahr bekam ich einen der berühmten Sterne im „Guide Michelin". Jetzt freut es mich sehr, unsere Gäste im „Fakkelgaarden" verwöhnen zu können.

Allerede som ganske lille nød jeg at sidde og „kigge på", når min mor håndterede potter og pander i køkkenet hjemme i Frankrig. Efterhånden, som jeg voksede op, fik jeg lov til at hjælpe med middagen. Dengang – som nu – dyrkede vi næsten alting selv. Min far tog sig af vores store vinmarker, samt fremstilling af vinen. Vi avlede selv alle vores urter, grøntsager, fjerkræ, kaniner og duer. Den store interesse for mad resulterede i, at jeg besluttede mig for en uddannelse som kok. Jeg kom i lære hos brødrene Haeberlin i Alsace. Efter fire års læretid tog jeg 1 år til „Charles Barrier" i Tours (i nærheden af Paris), hvorefter jeg aftjente min værnepligt som privat kok hos en general. Så fik jeg lyst til at rejse. Mit første stop hed Danmark. Stedet hed „Falsled Kro" på Fyn. Efter ét år ville jeg egentlig videre, men så lærte jeg min kone Pia at kende, som var receptionist, og det resulterede i yderligere 12 år på „Falsled Kro". I denne periode rejste jeg tit til Frankrig og arbejdede bl.a. hos brødrene Troigros i Roanne, Alain Chapel i Minoay samt Jöel Robuchon i Paris. I 1989 startede jeg restauranten „Chez Paul" i Flensborg, hvor jeg i løbet af ét år opnåede én stjerne i den berømte „Michelin Guide". Nu glæder det mig utroligt at forkæle vores gæster på „Fakkelgaarden". Jeg har selvfølgelig medbragt en masse af Frankrigs stolte madtraditioner og kombinerer dem bl.a. med nye ideer og gode danske råvarer.

Hühnchen
für Sonni
von Pupsi
Leiß
2001

Kleiner Lobgesang

Wenn frühmorgens der Hahn kräht, ist die Welt in Ordnung.
Er begrüßt den Tag und macht sich auf, seine Hühner durch ihr kurzes Leben zu führen, sie zu umsorgen, als gelte es, ihnen ein ewiges Dasein zwischen Scharren, Sonnenbädern und Eierlegen zu sichern. Wie stark ist die Wirkung auf die menschliche Seele, wenn man von der Gartenliege aus die kleine Hühnerfamilie betrachtet, wenn sie im gebrochenen Licht unter Apfelbäumen von Körnchen zu Körnchen, von Wurm zu Wurm wandert, ohne sich ihres unsicheren Schicksals in einer Welt voller Gefahren bewusst zu sein.
Der Hahn immer auf der Hut, die Glucke ein Auge zum Himmel, ein Auge am Boden und doch beide Augen und alle anderen Sinne bei den Küken, die sie nötigenfalls mit Todesverachtung beschützen und verteidigen.
Die Schönheit der glänzenden Federn, das Schillern der Farben des hörnernen Regenbogens und die unendliche Vielfalt der Muster gibt es drauf zu.
Und doch drängt aus der dunklen Tiefe der menschlichen Fantasie ein anderer Gedanke in dieses scheinbare Idyll.
Es ist ein flüchtiger Hauch, eine Ahnung von Rosmarin und rotem Landwein, eine quasi aromatische Idee, die auf dem Wege über die Nase die Zunge kräuselt und wie ein sommerliches Lüftchen die Gedanken in die Stätte der Zubereitung lenkt: Hin zu den Gewürzen und Ingredienzien der einfachen Geflügelküche, die nur mit Salz und Pfeffer Wohlgefallen erzeugt, bis zum ausgefuchsten, weltläufigen Geschmackslaboratorium mit Orangen, alkoholisierten Birnen, Ingwer und der unendlichen Zahl exotischer Würzmischungen aus aller Vögel Länder, die den verwöhnten Gaumen kitzeln.
Am Ende dieses Ausflugs hungriger Wahnvorstellungen sitzt das Huhn in seinem warmen Nest, nicht des angeborenen Eierlegens wegen, sondern zum Zwecke der menschlichen Erbauung in einem malerischen Ambiente ausgesuchter Beilagen.
Edles Porzellan, funkelnder Wein aus den zartesten Gläsern, warm beleuchtet vom Licht der Kerzen, umrahmen diesen Abgesang mit einer Vielzahl wohliger Ahnungen von knuspriger Kruste, zartem, vielfältigem Fleisch, unendlichem Gaumenkitzel und sprichwörtlicher Gesundheit.
Ein Huhn auf dem Tisch ist ein Freundschaftsdienst, der die Menschen zusammenführt, bereit zu teilen und zu genießen. Die Federn, das schillernde Kleid von gestern, dienen jetzt nur mehr der Dekoration der Tafel, und das Familienidyll im sonnigen Garten liegt weit zurück. Und die Glucke hat auch schon wieder Küken.
Wenn abends die Hühner mit der Sonne ins Bett gehen, leise glucksend und zufrieden mit ihrem Tagwerk, und auf der Stange schlafen, dann kehrt Ruhe ein und Frieden, und die Welt ist wieder in Ordnung.

Hans-Ruprecht Leiß

Lille lovsang

Når hanen galer en tidlig morgen, er verden i harmoni. Han hilser dagen og gør sig klar til at føre sine høner gennem deres korte liv, hygge om dem, som gjaldt det om at give dem et evigt liv mellem skraben, solbadning og æglægning.
Hvor stærkt er virkningen på menneskets sjæl, når man fra sin havestol betragter den lille hønsefamilie, som den i det brudte lys under æbletræerne vandrer fra korn til korn, fra orm til orm, hvert øjeblik ubevidst opmærksomme på deres usikre skæbne i en verden fuld af farer.
Hanen altid på vagt og hønemor altid med et øje på himlen, det andet på jorden og dog begge øjne og alle andre sanser ved kyllingerne, som de, hvis det er nødvendigt, vil beskytte og forsvare med deres liv.
Hertil kommer fjerdragtens skinnende skønhed, farvespillet i alle regnbuens farver og de uendeligt forskellige mønstre.
Og i denne tilsyneladende idyl trænger en anden tanke fra den menneskelige fantasis mørke dyb sig alligevel på.
Det er et flygtigt pust, en anelse af rosmarin og landvin, en slags aromatisk idé, som gennem den indre næse strejfer tungen og som en sommerlig luftning styrer tankerne mod tilberedningens hellige sted: Fra det enkle fjerkrækøkkens krydderier og ingredienser, som blot ved hjælp af salt og peber skaber velbehag til det udspekulerede, verdenserfarne smagslaboratorium med appelsiner, pærer i alkohol, ingefær og det uendelige antal af eksotiske krydderiblandinger fra alle fjerkrælande, som kildrer den forvænte gane.
Til slut i denne udflugt til sultens tvangsforestillinger sidder hønen i sin varme rede, ikke for sin vane tro at lægge æg, men til opbyggelse af mennesket, omgivet af malerisk tilbehør.
Ædelt porcelæn, funklende vin i de tyndeste glas og stearinlysets varme skær omgiver denne svanesang med mange gode anelser om sprødt skind, mørt kød af enhver slags, uendelig ganefryd og bogstavelig sundhed.
En høne på bordet er et venskabstegn, som fører mennesker sammen om et bord, beredte til at dele og nyde sammen.
Fjerene, gårsdagens skinnende kjole, ligger nu som dekoration på bordet, og familieidyllen i den solrige have er langt væk. Og hønemor har allerede igen kyllinger.
Når hønsene om aftenen går i seng med solen, stille klukkende og tilfredse med deres dagsværk og sover på pinden, holder fred og ro sit indtog, og verden er igen i harmoni.

Eigene Rezepte und geschmackliche Inspirationen

Egne opskrifter og inspirationer

Eigene Rezepte und geschmackliche Inspirationen

Egne opskrifter og inspirationer

Eigene Rezepte und geschmackliche Inspirationen

Egne opskrifter og inspirationer

Die Bilder — Billederne

Christian Bind
Hans-Ruprecht Leiß
Zart und wild
Vildt og sart
Christian Bind
Hans-Ruprecht Leiß
Feder und Schnabel
Fjer og Na
FriskfangetFangfrisch
Små fiskefinesser
af Christian Bind
med billeder af
Hans-Ruprecht Leiß
Kleine Fischfinessen
von Christian Bind
mit Bildern von
Hans-Ruprecht Leiß